Dépôt légal : 2e trimestre 2000

ISBN : 2.7459.0084.6
Imprimé en Espagne par EGEDSA

Stéphane Frattini

Mon premier copain des chats

Illustrations de :
Benoît Charles
François Daniel
Bernard Delanghe
Frédéric Pillot
Bruno Pilorget
Illustrations couverture : Danièle Schulthess
Photos : Agence Cogis

MILAN

SOMMAIRE

1 — UN MINIFAUVE 8

2 — TON CHAT ET TOI 24

3 — UNE VIE DE CHAT 48

4 — TOUTES LES RACES 66

1 – UN MINIFAUVE

Sur le coussin, patte de velours,
C'est ton gentil minou tout doux.
Mais dans le jardin, il sort ses griffes,
Car dans ton chat... il y a aussi un tigre !

LES

Les secrets de son corps

Ton chat est plus petit que toi. Pourtant, c'est souvent lui le plus fort ! Il court plus vite. Il saute plus haut. Il sent plus d'odeurs et entend plus de sons... Observe bien ton copain, tu vas comprendre pourquoi.

tout en longueur

Quand il s'étire, le chat peut mesurer jusqu'à 50 cm. Ajoute 25 cm pour la queue, et tu obtiens 75 cm au total. Aussi haut que le dossier d'une chaise ! Pourtant, il n'est pas bien gros. Il pèse en moyenne entre 3 et 4 kilos.

Sa queue est longue et souple. Il la balance pour garder l'équilibre.

Ses pattes arrière ressemblent à celles d'un lapin. D'une seule poussée, il fait un grand bond en avant !

Sa poitrine est étroite. Il peut ainsi se faufiler partout.

Sa tête est petite et compacte. Elle bouge très vite dans tous les sens.

Ses pieds sont munis de petits coussinets de peau. Quand il marche, il ne fait pas de bruit.

Ses pattes avant peuvent serrer très fort. Ou alors, s'écarter largement pour donner une gifle !

Toujours en alerte

La vue et l'ouïe du chat sont très développées. Curieux de tout, il surveille en permanence le monde qui l'entoure...

des oreilles qui bougent

Appelle ton chat : « Minou Minou ! » Aussitôt, ses grandes oreilles se tournent vers toi. Avec 12 muscles chacune, elles peuvent bouger dans tous les sens. Et même s'il y a du vacarme, il saura distinguer le petit cri d'une souris, ou le bruit de la voiture de tes parents qui arrivent...

bien en face

Le chat a de très gros yeux par rapport à sa tête. Grâce à eux, il peut surveiller ce qui se passe sur les côtés.
Et quand il a repéré une chose intéressante, il tourne vite la tête pour la regarder bien en face.

des sons en plus

Parfois, ton chat bouge ses oreilles, alors que tu n'as rien entendu. C'est que son ouïe est plus fine. Il entend des sons très aigus, appelés ultrasons. La chauve-souris, par exemple, émet des ultrasons.

un œil qui change

En fonction de la quantité de lumière, la pupille de ses yeux peut s'agrandir ou se rétrécir. Comme le rideau qui protège une fenêtre ! Mais quand il fait vraiment noir, le chat ne voit rien du tout.

Pupille presque fermée, il supporte 5 fois plus de lumière que toi.

Pupille ouverte, il voit 6 fois mieux que toi dans la pénombre.

Le langage des odeurs

L'odorat du chat est 10 fois plus sensible que le tien. C'est très difficile à imaginer. Un peu comme si tu vivais en permanence dans une parfumerie... ou une poissonnerie !

faire connaissance

Pour le chat, les odeurs sont très importantes. Face à une chose ou une personne inconnues, il commence toujours par les flairer. C'est sa manière à lui de faire connaissance ! Alors, avant de caresser un chat que tu ne connais pas, donne-lui d'abord ta main à sentir.

échange d'odeurs

Quand il se frotte contre tes jambes, ton chat pose son odeur dessus. Comme pour dire : « Lui, c'est mon copain ! » Et quand tu l'as caressé, il se lèche aussitôt pour respirer ton odeur restée sur son pelage.

un vrai gourmet

Le goût du chat est aussi fin que son odorat. Il est capable de distinguer 4 saveurs. Ce qu'il préfère, ce sont les aliments salés ou aigres. Mais s'il a vraiment faim, il mangera aussi quelque chose de doux ou même d'amer !

un secret au fond du nez

Souvent, tu vois ton chat faire une sorte de grimace. C'est pour amener une odeur au fond de son nez, dans un petit tuyau très sensible appelé « organe de Jacobson ». Grâce à lui, il analyse précisément chaque odeur. Et il ne l'oubliera plus jamais !

Le bon équilibre

Très curieux, le chat se faufile partout. Pour observer le monde de haut, il n'hésite pas à escalader les obstacles. Mais comment fait-il pour garder l'équilibre ?

touche-à-tout

Avant de s'engager sur un chemin inconnu, le chat tâte d'abord les alentours avec le bout de la patte. Ses coussinets, très souples, lui indiquent par exemple si le sol est dur ou mou, chaud ou froid, lisse ou rugueux...

les vibrisses

C'est comme cela qu'on appelle ses moustaches. Très sensibles au toucher, elles servent au chat à se repérer.
Quand il avance dans le noir, elles touchent en premier les obstacles. Et si ses vibrisses passent en largeur quelque part... tout son corps passera.

le grand saut

Aïe ! Malgré toutes les précautions qu'il a pu prendre, le chat a glissé. Le voilà qui tombe... Heureusement, il sait réagir très vite.

D'un coup de reins, il retourne son bassin...

Puis le reste du corps suit le mouvement...

Hop, le chat retombe sur ses pattes ! Mais attention, cela ne marche pas toujours. Quand il tombe de trop bas, le chat n'a pas le temps de se retourner. Et quand il tombe de trop haut, il peut quand même se faire très mal.

bien accroché

Le chat apprécie beaucoup les positions dominantes. Tu le verras souvent perché sur un arbre ou sur un meuble. Il bouge sa queue pour garder l'équilibre. Mais cela ne suffit pas toujours. Alors il sort ses griffes, et les enfonce aussi profond qu'il peut. Comme un alpiniste avec ses crampons !

Le chat dans la nature

En te promenant dans la campagne, tu rencontres parfois des chats errants. Loin des hommes, ils ont vite retrouvé leurs instincts d'animaux sauvages...

une vie discrète

Quand il vit dans la nature, le chat est un animal solitaire. Il ne recherche la compagnie qu'à la saison des amours. Le reste du temps, il vit caché. Il est si discret, que tu peux passer à côté de lui sans le voir ! En plus, son pelage rayé lui assure un bon camouflage.

chat sauvage ou chat haret ?

Les « vrais » chats sauvages sont très rares. Ceux que tu vois dans la nature sont plutôt des chats domestiques redevenus sauvages. On les appelle des chats harets. Avec beaucoup de patience, ils peuvent s'apprivoiser. Pas comme le chat sauvage, qui ne se laissera jamais approcher !

les 3 zones

Comme la plupart des animaux, le chat habite un territoire bien précis. Moins il y a de proies à chasser, plus ce territoire est grand, jusqu'à plus de 50 hectares ! Ce territoire est divisé en 3 zones :

• la zone de repos

Très petite, elle comprend un ou plusieurs refuges. C'est là que le chat se repose. Personne d'autre n'a le droit d'y pénétrer.

• la zone de chasse

Elle est beaucoup plus grande. Pour marquer ses limites avec son odeur, le chat fait pipi contre les troncs d'arbres ou les rochers. Mais souvent, il est obligé de partager cette zone avec d'autres chats.

• la zone de promenade

Située autour de son refuge, elle n'est pas très grande. Chaque jour, le chat inspecte tous ses recoins. Et s'il rencontre un autre chat, il le chasse.

L'instinct de chasse

Le chat n'a pas besoin d'apprendre à chasser. Pour lui, c'est aussi simple que de respirer. Dans la nature, il surveille tout ce qui bouge. Le jour ou la nuit, il est toujours prêt à sauter sur une proie qui passe !

• le guet

Le chat a repéré la souris. Pour se cacher, il s'aplatit au sol. Puis il s'approche en silence. Quand il guette une proie, il peut rester immobile pendant des heures.

des griffes toujours neuves

Comme tes ongles, les griffes du chat poussent sans arrêt. Mais lui, il peut les replier à l'intérieur de ses pattes : on dit qu'elles sont rétractiles. Ainsi, elles restent toujours bien affûtées !

• la mise à mort

Quand le chat a faim, il tue sa proie sans attendre. Il cherche à mordre le cou de la souris, pour lui briser les vertèbres. En moyenne, il réussit à attraper 1 souris sur 2, et 1 oiseau sur 5. Souvent, il attaque aussi des lézards, de gros insectes, des grenouilles... Parfois, d'un coup de patte, il réussit même à pêcher des poissons !

• l'attaque

Soudain, d'une seule détente, le chat bondit en avant. Il a sorti ses griffes, et gifle violemment la souris pour l'étourdir avant qu'elle puisse s'enfuir.

des dents redoutables

Les canines sont de grandes dents pointues. Le chat s'en sert pour mordre. Tournées vers l'intérieur, elles retiennent la proie.
Les prémolaires et les molaires sont dentelées comme des couteaux. Elles s'emboîtent les unes dans les autres, pour mieux broyer la chair.

Le chat en ville

D'où viennent les chats qui traînent dans les villes ? Certains ne font qu'une promenade avant de rentrer à la maison. D'autres, au contraire, sont nés et vivent dans les rues. Pour eux, la ville est une vraie jungle...

vivre en groupe

Pour survivre, le chat des villes renonce souvent à sa solitude. Il rejoint d'autres chats, pour former un « clan » plus ou moins grand. Ensemble, ils recherchent les endroits calmes : cimetières, jardins publics, parkings, entrepôts...

la loi du plus fort

• Dans un groupe de chats, c'est simple : il n'y a qu'un seul chef. Souvent un mâle, mais aussi parfois une femelle. Sous son autorité, on défend ensemble le territoire, la nourriture et les jeunes.

• Mais être chef, ce n'est pas une place facile. Car il faut toujours se battre. Contre les chats venus d'ailleurs, bien sûr. Mais aussi contre ceux de son groupe qui voudraient eux aussi devenir chef !

des frontières très précises

- En ville, les territoires des chats sont beaucoup plus réduits que dans la nature.
Une cour de récréation, c'est déjà une vaste propriété !

- Souvent, les chats utilisent les limites créées par l'homme : les haies, les murs, les trottoirs, qu'ils marquent de leurs odeurs...

- Chacun possède un coin privé, interdit aux autres.
Mais certains secteurs sont aussi partagés entre plusieurs chats.

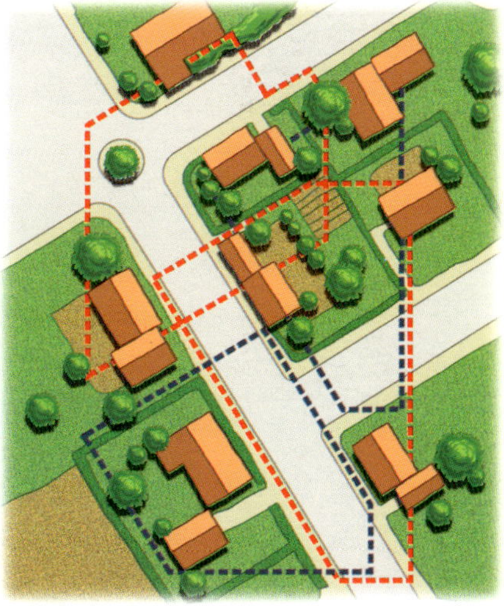

- Le territoire des mâles (en rouge) est toujours plus étendu que celui des femelles (en bleu). Amuse-toi à deviner où ils se rencontrent !

2 – TON CHAT ET TOI

Mistigri ? Ratapoil ? Pattenrond ?
Il faut que je te trouve un nom.
Et surtout qu'il soit bien choisi
Car toi et moi, c'est pour la vie !

As-tu bien réfléchi ?

Tu n'as pas encore de chat chez toi, et tu voudrais en adopter un. Bravo, c'est une grande décision ! Mais es-tu vraiment prêt à le recevoir ? Vérifie-le d'abord, en répondant aux questions de cette page.

- **tout le monde est-il d'accord ?**

Le copain numéro un de ton chat, ce sera toi. Mais il sera aussi l'ami de toute ta famille. Chacun doit être prêt à l'accueillir et à l'aimer. Et personne ne doit être allergique à ses poils !

- **qui lui donnera à manger ?**

Remplir sa gamelle, c'est facile. Mais il faudra d'abord vérifier qu'il reste des provisions pour lui. Puis, le repas terminé, nettoyer la gamelle...

auras-tu du temps pour lui ?

Un chat n'est pas un jouet qu'on allume et qu'on éteint. Chaque jour, il attendra que tu joues avec lui. Auras-tu toujours assez de temps et de patience ?

qui paiera pour tout ça ?

La nourriture, la litière, le vétérinaire... Avoir un chat, cela coûte aussi un peu de sous. Tes parents pourront-ils toujours payer ? Et toi, serais-tu prêt à piocher dans ta tirelire s'il le fallait ?

qui le gardera ?

Quand tu partiras en vacances, que feras-tu de ton minou ? Cette question-là est très importante. Même pour le temps d'un week-end.

qui changera sa litière ?

Cela sent mauvais, ce n'est pas très agréable. Mais il faudra pourtant la changer souvent. L'as-tu déjà fait auparavant ? Seras-tu capable de le faire tous les 2 jours ?

Choisir ton chat

Une fois qu'on a décidé d'avoir un chat, il faut encore le trouver
Cela peut être très facile ou un peu plus compliqué. Pour te guider dans ton choix, voici quelques trucs à savoir...

voudrais-tu un chat de race ?...

Il existe plus de 50 races différentes. Tu les découvriras toutes dans ce livre. Pour trouver le chaton que tu cherches, il faudra t'adresser à un éleveur. Mais attention, cela coûte cher : au moins 300 euros, et parfois bien plus !

... ou plutôt un chat de gouttière ?

Lui, tu le trouveras plus facilement. Demande à tes copains d'école, ou regarde les annonces chez les commerçants. Il y a sûrement un chaton à donner ! Et si tu veux faire une bonne action, tu peux adopter un adulte dans un refuge...

mâle ou femelle ?

En général, le mâle est plus indépendant, la femelle plus douce. Mais comme nous, chaque chat a d'abord son propre caractère. Et quand ils sont stérilisés, il n'y a plus de différence de comportement entre mâle ou femelle !

comment le choisir ?

La première règle, c'est qu'il soit joyeux et en bonne santé.

• si c'est un chaton

Il doit avoir au moins 2 mois et demi, pour être complètement sevré. Prends ton temps, et regarde-le jouer avec ses frères et sœurs. Ni brutal, ni timide, il est bien dans sa peau.

• si c'est un adulte

Plus méfiant, il ne doit pourtant pas être trop peureux. Essaie de connaître son histoire. Avec qui et où a-t-il déjà vécu ? Caresse-le doucement. Il ronronne ? C'est bon signe...

Faire connaissance

Aujourd'hui, c'est un grand jour ! Ton chat est arrivé chez toi. Bien sûr, tu es pressé de jouer avec lui. Mais laisse-lui le temps de s'habituer. Il entre dans une maison nouvelle, pleine de géants inconnus...

premiers instants

Tu ouvres son panier, et hop ! le chat file se cacher sous un meuble. C'est normal, il est un peu effrayé. Apporte-lui à manger et à boire, et laisse-le sortir tout seul. Puis montre-lui sa caisse à litière : il a sûrement envie de faire pipi.

tout en douceur

Les sens du chaton sont très sensibles. Évite de faire trop de bruit, ou des mouvements brusques. Parle-lui doucement.
Ne le caresse que s'il en a envie. Évite aussi de le saisir par surprise : il sursaute, et déteste cela !

s'il veut sortir

Ton chat cherche à s'enfuir ? Surtout, ne lui ouvre pas la porte. Il pourrait se perdre. Garde-le d'abord enfermé quelques jours, le temps qu'il s'habitue à sa nouvelle maison. Ensuite, tu pourras le laisser aller et venir.

quel prénom choisir ?

Prends le temps de réfléchir, tu le répéteras des milliers de fois ! À quoi ou à qui ton chat te fait-il penser ? Choisis un nom court, avec 2 ou 3 syllabes bien détachées : Titus, Pin-Pon, Balthazar...

son coin à lui

Ton chat est un solitaire. Pour se sentir bien, il doit avoir un coin à lui. Dans un endroit calme et tiède, installe-lui un panier. Ou un simple carton, avec un coussin dedans. Pas besoin de prévoir trop grand : il adore se pelotonner.

Dans la maison

En arrivant chez toi, le chat doit partager ton territoire. Insupportable pour ce grand solitaire ! Alors, il va s'arranger pour se réserver des « propriétés privées », où il se sentira vraiment chez lui.

le roi des cachettes

« Minou, minou ! »... Ton chat ne répond pas. Tu le cherches partout, tu es un peu inquiet. Quand soudain, le voilà qui surgit d'une cachette secrète ! Grâce à sa petite taille, il peut se faufiler partout, et connaît tous les recoins de ta maison.

attention aux accidents !

Comme un bébé, ton chat ignore les dangers de la maison. Alors, à toi de le surveiller :

- Interdis-lui de grimper sur la cuisinière ou les plaques électriques.
- Ne laisse jamais les portes du four ou du lave-linge ouvertes.
- Protège avec du grillage le rebord des fenêtres et du balcon.
- Ne laisse jamais traîner de produits dangereux.

ses petites habitudes

Dans chaque pièce, ton chat repère vite les endroits confortables. Tous les jours à la même heure, tu le trouveras à la même place. Suivons par exemple ce chat au cours d'une journée :

• Le matin, il joue au soleil sur le tapis du salon.

• À midi, après manger, il digère sur le fauteuil de ta chambre ou de celle de tes parents.

• L'après-midi, il se faufile dans le placard du couloir et dort sur un tas de linge.

• Le soir, il se glisse au-dessus de la télévision qui est bien chaude.

• La nuit, il s'installe sur ton lit et dort contre tes pieds.

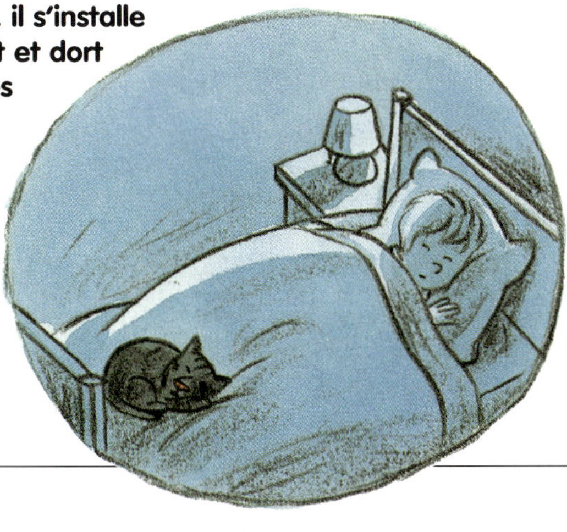

Et ton copain à toi, quel est son « emploi du temps » ?

Le chat et les autres

Si tu as d'autres animaux à la maison, comment vont-ils s'entendre avec ton chat ? Ce n'est pas toujours très facile. Mais en prenant quelques précautions, tout devrait bien se passer.

le chien et le chat

Dans la maison, ce n'est pas comme dans la nature. Ils n'ont pas besoin de se disputer le territoire ni la nourriture. Malgré la légende, ils s'entendent souvent très bien. Le chien protégera même le chat, qui fait partie de la famille !

gare aux petits animaux

Avec un oiseau, une souris, un hamster ou même un lapin, la cohabitation sera plus difficile. N'oublie pas que, pour un chat, ces animaux sont d'abord des proies. Et parfois, son instinct est plus fort que tout ! Alors, garde-les toujours hors de portée de ses griffes...

pas de jaloux !

Tu as envie d'avoir plusieurs chats ? L'idéal serait de les adopter ensemble. Mais souvent, tu en avais déjà un avant. Et il n'a pas du tout envie de se laisser voler son espace, sa nourriture, ses caresses ! Alors, voici quelques trucs pour réussir l'arrivée du nouveau venu dans la maison :

- **Laisse-les faire connaissance tranquillement. Ne t'en mêle que s'ils se battent.**

- **Ne fais pas du nouveau ton « chouchou ». Caresse-les autant, traite-les à égalité.**

- **Chacun doit avoir sa propre gamelle. Et si possible, au moins au début, sa propre caisse à litière.**

- **Si tu adoptes un chaton, ton chat adulte sera agacé par ses jeux. Mais il se sentira aussi moins menacé que par un autre adulte.**

Comment il te voit

Toi, tu considères ton minou comme un petit copain. Mais pour lui, qui es-tu vraiment ? Observe bien ses gestes et ses attitudes. Dans sa tête de chat, les choses ne sont pas toujours si faciles !...

tu es un protecteur

En vivant près de toi, ton chat renonce un peu à sa liberté. Mais, en échange, il gagne beaucoup de choses. Il est bien nourri. Il habite une maison confortable. Il est protégé des dangers du monde extérieur. Et pour lui, tu n'es jamais un rival comme le sont parfois les autres chats.

tu es un géant

Pour ton chat, tu es aussi haut qu'un petit immeuble ! Quand tu fais un mouvement brusque, il lui arrive d'avoir très peur. Fais attention, il pourrait alors te griffer.

tu es une maman

Grimpé sur tes genoux, ton chat se met à « pédaler » avec ses pattes en ronronnant de bonheur. Comme quand il pressait les mamelles de sa maman pour faire jaillir le bon lait tiède. Si tu l'as connu tout petit, il se comportera parfois avec toi comme un gros bébé. Miaou ! C'est tellement agréable...

parfois, tu le troubles

Quand il a vraiment confiance, ton chat te présente son ventre. C'est la partie de son corps la plus vulnérable. Mais dès que tu le touches, il te mordille la main. Pourquoi ? Parce que, en même temps, il est un peu inquiet. Alors, ce geste lui permet de se calmer.

Ce qu'il te dit

Ton chat ne parle pas, bien sûr. Mais il sait pourtant te faire comprendre beaucoup de choses. Regarde-le bien. C'est avec tout son corps qu'il s'exprime !

avec sa queue

Regarde-la bien, et tu devineras l'humeur de ton chat :

• Elle est dressée bien droite ? Ton chat est content.

• Elle remue sans arrêt ? Il est nerveux ou inquiet.

• Elle est toute hérissée ? Ton chat est en colère, il se tient prêt à l'attaque.

• Elle est rabattue et coincée entre ses pattes ? Il a peur, et se fait tout petit.

avec ses yeux

Comme toi, ton chat a des expressions faciles à comprendre. Quand ses yeux sont grands ouverts, il est curieux et attentif. Quand ils sont mi-clos, il est tranquille et confiant. Et quand il a fait une bêtise... il n'ose pas te regarder en face !

avec sa voix

Le chat est un grand bavard. Avec sa gorge très développée, il est capable de produire 60 sons différents. En voici quelques-uns que tu connais bien.
Essaie de les imiter pour t'amuser :

- Un petit miaulement doux : « Occupe-toi de moi ! »
- Des miaous sonores, insistants : « J'ai faim ! »
- Un cri perçant : « J'ai mal ! »
- Un grognement étouffé : « Tu m'ennuies ! »
- Des bruits de gorge : « J'ai peur ! »

pourquoi ronronne-t-il ?

Quand tu le caresses, ton chat est content, alors il se met à ronronner. Un vrai petit moteur, qui s'entend parfois de loin ! Ce bruit vient de sa gorge, où l'air fait vibrer des cordes vocales. Entre chats, c'est un bon moyen de se calmer. « Si je ronronne, c'est que je ne cherche pas la bagarre ! »

Propre comme un chat

Plusieurs fois par jour, ton chat fait sa toilette. Mais ce n'est pas seulement pour être beau. Dans la nature, son corps est sa seule arme : il doit l'entretenir pour rester en bonne santé !

son « petit coin » à lui

Dans un coin tranquille de la maison, ton chat doit avoir sa caisse à litière. Choisis-la plutôt avec un couvercle. Chaque jour, il faut enlever les crottes avec une petite pelle. Et tous les 2 ou 3 jours, changer complètement la litière.

- En général, il suffira de le mettre dans sa caisse pour qu'il apprenne aussitôt à s'en servir.
- La litière est souvent faite avec de l'argile, qui absorbe bien le liquide.

gare aux poils !

Le chat a 200 poils par centimètre carré de peau. Chaque fois qu'il se lèche, il en avale quelques-uns. À force, cela peut faire des boules dans son estomac. Pour éviter cela, peigne-le doucement avec un peigne qui ne servira qu'à lui seul.
Si ses poils sont longs, fais-le une fois par semaine. Sinon, une fois par mois suffira.

une douche en douceur

Si ton chat s'est sali, par exemple avec de la boue, il faut le doucher. Demande à un grand de t'aider, en le tenant doucement. Sans lui faire peur, mouille son pelage avec de l'eau tiède, et lave-le avec un produit spécial, ou un shampooing doux pour bébés. Puis rince-le et sèche-le dans une serviette.
Après la douche, laisse-le se lécher tranquillement pour effacer l'odeur.

des oreilles bien propres

Ses oreilles sont un des rares endroits que le chat ne peut pas atteindre tout seul. Si elles sont sales, nettoie-les avec un Coton-Tige imbibé d'eau tiède. Mais ne l'enfonce pas trop profond pour ne pas lui faire mal !

Le menu de Minou

Ton chat a tout le temps faim ? C'est qu'il dépense beaucoup d'énergie. Comme toi, il a besoin de repas réguliers et équilibrés. Et devine qui est son cuisinier favori ?

un vrai gourmet

Miam ! Le chat adore manger. Il distingue bien le salé, le sucré, l'acide et l'amer. Il a aussi ses aliments préférés, et refuse de manger ce qu'il n'aime pas ! Pour un chat adulte, il faut 2 repas par jour. Ils doivent faire environ 100 grammes chacun, et être servis à heures régulières.

au voleur !

Ne laisse jamais traîner de bonnes choses sur la table ! Ton chat les volerait, incapable de résister à son instinct de « chasseur ».

petite soif

Le chat ne boit pas beaucoup. Souvent, l'eau contenue dans les aliments lui suffit. Mais laisse-lui quand même toujours un bol rempli d'eau fraîche. Surtout si tu lui donnes des croquettes, qui sont très sèches.

tout ce qu'il aime

3 chats sur 4 mangent souvent des aliments en conserve. Ils sont souvent de bonne qualité. Mais le mieux, quand tu as le temps, c'est de lui préparer une vraie pâtée avec plein de bonnes choses :

- la viande
Pas trop grasse, et coupée en petits morceaux. Sers-lui crue ou cuite, mais jamais bouillie.
- le lait
Donne-lui-en un peu, en y ajoutant de l'eau. Mais pas trop souvent, car il le digère mal.
- le poisson
Il doit être cuit, coupé en petits morceaux, et sans les arêtes !
- le fromage
Seulement à pâte cuite, comme le gruyère. Et pas trop à la fois, car c'est un aliment très gras.
- les légumes
Dans sa pâtée, tu en mélangeras toujours quelques-uns, cuits à l'eau. Tu peux aussi ajouter des pâtes ou du riz très cuits. Écrase le tout avec une fourchette, et mélange bien !

Bouger avec ton chat

Ton chat est un animal casanier, qui aime ses petites habitudes. Alors, si tu dois le faire bouger souvent, habitue-le très jeune. Avec un peu d'entraînement, il se sentira partout comme chez lui !

son panier

En plastique ou en osier, il doit être assez large pour que ton chat puisse se retourner. Laisse traîner le panier, porte ouverte, dans la maison. Souvent, ton chat ira s'y cacher pour jouer. Ferme la porte, soulève le panier, et fais faire à ton chat le tour de la maison. Et hop ! Le voilà habitué en douceur...

collier obligatoire !

Dès que ton chat va dehors, il doit avoir un collier. Au début, ça l'agace, mais il s'y habitue vite. Sur le collier, accroche une plaque en fer gravée, ou un petit cylindre contenant un papier avec ton adresse. S'il se perd, les gens pourront te retrouver !

en voiture

Ton chat n'aime pas beaucoup la voiture. Il risque même d'être malade. Évite de lui donner à manger au moins 3 heures avant le départ. Pendant le voyage, il doit toujours rester à l'arrière. S'il miaule, tu peux le prendre sur tes genoux. Sinon, laisse-le enfermé dans son panier, c'est plus prudent.

• Attention ! Le chat ne doit jamais rester enfermé dans une voiture en plein soleil. C'est très grave, il pourrait mourir de chaleur !

en vacances

Si tu l'emmènes dans un endoit inconnu, sois prudent. Ton chat pourrait avoir peur et chercher à s'enfuir. Le premier jour, mieux vaut le garder enfermé. Dans un coin tranquille, installe-lui un tissu imprégné de ton odeur. Cela le rassure. Il comprend qu'il n'est pas perdu !

Un gros dormeur

Parmi tous les mammifères, le chat est l'un des plus « paresseux ». Il dort en moyenne 16 heures par jour, soit les deux tiers de son existence !

aooouf...

Souvent, tu vois ton chat qui bâille.
Cela lui arrive au moins 50 fois par jour !
Dès qu'il a chaud et qu'il a bien mangé,
il est prêt à faire un petit somme...

un sommeil à 2 vitesses

Pour une petite sieste, ton chat s'endort n'importe où. Mais ce n'est qu'un sommeil léger. Il reste attentif au monde qui l'entoure. Regarde : ses oreilles bougent au moindre bruit. Quand il a vraiment sommeil, il cherche d'abord un abri confortable. Alors, il sombre dans un sommeil profond. Et il ne bouge plus du tout, sauf parfois le bout des pattes.

réveil en douceur

Après avoir dormi, le chat a besoin de réveiller tous ses muscles. D'abord, il plante les griffes dans le sol pour étirer ses pattes de devant. Puis il creuse le dos, fait toute une série de mouvements, et allonge ses pattes de derrière. Une vraie gymnastique !

un grand rêveur

Soudain, au cours d'un sommeil profond, tu vois ton chat avoir de petits frissons. Il remue les mâchoires, il pousse même de petits cris ! C'est qu'il est en train de faire un rêve. Il rêve environ 4 heures par jour, 3 fois plus que toi. À quoi ? Peut-être à des souris qui passent...

3 – UNE VIE DE CHAT

Boule de poils, tu remues
Petit diable, tu bondis
Grand fauve, tu chasses
Vieux matou, tu somnoles...
Et moi, je t'aime toujours autant !

Le temps des amours

Ton chat, mâle ou femelle, n'a pas été stérilisé ? Alors, la nature le poussera régulièrement à vouloir faire des petits. Un moment difficile à supporter. Surtout pour toi !

la femelle appelle

Quand la chatte est en chaleur, tu ne la reconnais plus. Elle se roule sur le sol. Elle se frotte contre tout ce qui passe. Elle pousse des miaulements rauques pour appeler les mâles. Cela se produit 2 à 4 fois par an, pendant au moins une semaine.

le mâle s'énerve

À la période des amours, le mâle ne mange plus. Il devient nerveux, fuit les caresses. Pire encore, il arrose tous les recoins de la maison avec une urine qui sent très fort. Une odeur spéciale pour attirer les femelles !

l'accouplement

Pas facile, la femelle ! Quand le mâle s'approche, elle lui donne d'abord des coups de griffes. Elle crie, elle crache, et cela peut durer des heures. Enfin, elle laisse le mâle grimper sur son dos. Elle se laisse faire pendant une minute ou deux. Puis elle se débat et le rejette. Et voilà, c'est fini !

bagarre de chats

Souvent, plusieurs mâles voudraient s'accoupler avec la même femelle. Alors, ils se battent. La femelle choisira le plus fort, c'est la loi de la nature.

La naissance

63 à 70 jours après l'accouplement, la chatte mettra au monde les petits. Il y en aura en général 4 ou 5, parfois plus. Le record connu est de 12 chatons en une seule portée !

la chatte « enceinte »

À partir de la 6e semaine, la chatte devient très grosse. Elle est calme, et recherche les câlins. Donne-lui aussi un peu plus à manger. Elle a surtout besoin de poisson, de viande, de légumes bouillis, et de laitages pour fortifier les os des bébés.

un coin tranquille

Quelques semaines avant la mise bas, construis un abri pour ta chatte. Installe-le dans un coin chaud et sombre. Puis laisse ta chatte tranquille, pour qu'elle s'habitue à venir se reposer là.

- *Récupère un carton assez grand et solide.*
- *Découpe les bords assez haut, pour que les chatons restent dedans.*
- *Au fond, plie une vieille couverture.*

l'un après l'autre

Souvent, la chatte accouche pendant la nuit. Elle se débrouille très bien toute seule ! Les chatons naissent l'un après l'autre, à 15 ou 30 minutes d'intervalle. Dès qu'ils sortent, leur maman les nettoie à grands coups de langue.

à boire !

Quand ils naissent, les chatons sont aveugles et sourds. Tout de suite, ils cherchent une mamelle pour téter. Le premier lait de la mère est très précieux. Il contient des remèdes naturels pour lutter contre les maladies.

Les bébés chats

Ça y est, ils sont arrivés ! Des chatons dans une maison, c'est toujours un grand événement. Regarde-les, mais ne les dérange pas trop. Ce ne sont encore que des bébés...

maman méfiante

Les premiers jours, la chatte ne quitte presque pas ses petits. Juste le temps de manger et de faire ses besoins. Inquiète, elle se méfie de tout le monde. Si elle se met en colère quand tu approches, n'insiste pas. Elle pourrait te griffer !

petits sauvages

À la campagne, la chatte va parfois faire ses petits dans la nature. Recherche vite leur cachette. Car si un chaton n'a pas connu l'homme avant l'âge de 8 semaines, il sera très difficile à apprivoiser.

le premier mois du chaton

Observe bien tes petits copains. Chaque jour, tu les découvriras un peu différents de la veille !

• première semaine

Le chaton a les yeux fermés.
Il n'entend pas très bien, mais il sent toutes les odeurs. En reniflant, il retrouve « sa » mamelle à lui, toujours la même.

• deuxième semaine

Ses yeux s'ouvrent vers le 8e jour : ils sont d'un joli bleu-gris. Le chaton entend mieux les sons, tu vois ses oreilles bouger. Il essaie de se dresser sur ses pattes... mais sans succès.

• troisième semaine

Le chaton réussit à tenir sur ses pattes, et apprend à s'asseoir. Il essaie de sortir du nid. La couleur de ses yeux commence à changer.

• quatrième semaine

Le chaton est déjà grand. Il sort du nid, apprend à faire sa toilette et à utiliser le bac à litière. Il tête encore sa maman, mais commence à boire du lait dans une assiette.

De vrais petits diables

Le deuxième mois, les chatons vadrouillent dans la maison. Pour eux, le monde est tout neuf, plein de surprises et de mystères... Et toi, tu essaies de les empêcher de faire trop de dégâts !

maman, je veux jouer !

Avec ses petits, la chatte fait preuve d'une patience infinie. Mais quand ils l'embêtent trop, elle leur donne quand même un petit coup de patte. Sans sortir les griffes bien sûr !

maman, j'ai peur !

Le chaton est effrayé par quelque chose ? Il arrondit le dos, hérisse tous ses poils, et se met à sautiller de côté en sifflant et en crachant. Normalement, c'est destiné à faire peur. Mais toi, tu éclates de rire !

gare aux bêtises !

Dans la maison, les chatons ne se méfient de rien. À toi donc de protéger tout ce qui est fragile ou dangereux. Mieux vaut toujours prévoir le pire, car tu ne sais jamais de quoi un petit curieux est capable. Si tu surprends un chaton en train de faire une bêtise, crie « non ! » d'une voix forte. Il finira par comprendre. Mais pas toujours du premier coup !

le menu des chatons

Au cours du 2e mois, les chatons s'habituent à la nourriture solide. Et un beau matin, leur maman cesse brusquement de les allaiter. Elle les repousse sans pitié, malgré leurs cris de protestation. Prévois désormais pour eux 4 repas par jour, répartis tout au long de la journée : 2 à base de laitages (lait, yaourt, fromage maigre) et 2 à base de viande ou de poisson et de légumes bouillis bien mélangés.

Des jeux pour grandir

Du matin au soir, le chaton n'arrête jamais de jouer. Tout ce qui bouge l'intéresse... Même le bout de sa queue, après lequel il est capable de courir pendant des heures !

la leçon de maman

Dès que ses petits ont 1 mois, la chatte commence à leur apprendre à chasser. Au début, elle amène une proie vivante et la chasse devant eux. Plus tard, elle rabat la proie vers eux, et les laisse se débrouiller tout seuls. Gare à celui qui la laissera échapper !

chacun son caractère

Quand ils sont ensemble, les chatons se font tout le temps des farces. Ils se poursuivent, se mordillent, se battent... Certains sont un peu brutaux, d'autres plutôt peureux. Peu à peu, tu vois se former une minisociété, avec un chef qui domine le groupe.

à quoi rêve-t-il ?

Quand il joue, ton chat rêve souvent qu'il chasse. Regarde bien, il a des gestes différents pour chacune de ses « proies » :

• un oiseau

Dès que l'« oiseau » passe au-dessus de lui, il bondit en l'air, avec les pattes largement écartées. Puis il les referme brusquement, pour gifler la proie et la faire retomber sur le sol.

• une souris

Le chaton s'aplatit au sol. Il s'approche tout doucement. Puis d'un seul coup, il bondit en hauteur. Avant de retomber sur sa « souris » par surprise, les pattes tendues en avant et es griffes sorties !

• un poisson

Brusquement, le chaton plonge une patte dans l'eau et attrape le « poisson » avec ses griffes. Puis il le lance par-dessus son épaule, le plus loin possible de l'eau pour éviter qu'il ne s'échappe...

Des millions de chatons

Tes chatons sont déjà grands ? Il faut maintenant trouver quelqu'un à qui les donner. Ce n'est pas toujours facile ! Alors, la prochaine fois, peut-être vaudrait-il mieux éviter que ta chatte fasse encore des bébés...

quand les donner ?

2 mois et demi, c'est l'âge idéal pour adopter un chaton. Il ne tète plus sa maman, il est propre, et il est déjà bien habitué à l'homme. Emmène-le discrètement pendant que sa maman est sortie. En 2 jours, il aura oublié son gros chagrin...

au secours !

Les chattes ont facilement des petits : on dit qu'elles sont très prolifiques. Chacune peut avoir 2 portées par an, soit en moyenne 8 à 10 chatons. Et dès l'âge d'un an, ces chatons pourront avoir des bébés à leur tour. Ensuite, cela va très vite. À partir d'un seul couple de chats, on pourrait en obtenir au bout de 10 ans... 80 millions !

la stérilisation

Si tu ne veux plus que ton chat fasse des petits, le plus efficace, c'est de le faire stériliser par le vétérinaire. Pour un mâle, c'est très rapide. Pour une femelle, c'est un peu plus long, il faudra lui ouvrir le ventre. Mais rassure-toi : à part une petite cicatrice, chat ou chatte ne garderont aucune trace ni aucun souvenir de cette opération !

les dégâts des chats

En France, il y a aujourd'hui 8 millions de chats. Quand ils vivent dans une maison, pas de problème. Mais quand ils sont en liberté, ils peuvent faire des dégâts. Par exemple, tuer beaucoup d'oiseaux.

Ton chat en forme

Le chat n'est pas un animal fragile. Pendant toute sa vie d'adulte, il aura presque toujours une santé de fer. Car, dans la nature, un chat malade ne survivrait pas longtemps...

sage précaution

Certaines maladies du chat peuvent se transmettre à l'homme. Heureusement, elles sont rares. Évite quand même de caresser un chat inconnu dans la rue !

son carnet de santé

Dès que tu adoptes un chat, emmène-le chez le vétérinaire pour une visite complète. Il vérifiera que tout va bien, et te donnera quelques conseils. Ce sera aussi l'occasion de le vacciner contre les plus graves maladies. Tout cela sera écrit sur son carnet de santé, à conserver précieusement !

à toi de surveiller !

Le plus proche copain de ton chat, c'est toi. Alors, sois bien attentif à tout symptôme de maladie. Pour lui, un simple rhume peut être assez grave. Si tu remarques quelque chose d'anormal, préviens tout de suite tes parents. Car, en cas d'urgence, il faut aller très vite !

vilaines bébêtes

Même s'il ne sort jamais, ton chat peut attraper des parasites. Il en existe 2 sortes. Les parasites externes se fixent sur la peau, les parasites internes vivent à l'intérieur de son corps.

les vers

Ton chat se frotte le derrière par terre ? C'est peut-être qu'il a des vers. Le seul moyen de vérifier, c'est de regarder ses crottes. Tu verras peut-être de petits vers, ou de simples points blancs. Donne-lui alors un vermifuge. De toute façon, il est conseillé de le faire une fois par an !

les puces

Ton chat se gratte souvent ? Examine bien son pelage. Si, en écartant les poils, tu vois de petits points noirs sur la peau rose, c'est qu'il a des puces. Il faudra alors le traiter avec une poudre insecticide. Sans oublier d'en mettre aussi sur tous les endroits où il dort !

Le vieux chat

Comme tout ce qui vit, le chat vieillit ! Pendant très longtemps, cela ne se remarque pas du tout. Mais un beau jour, il commence brusquement à changer. Alors, il faut être encore plus doux et patient avec lui...

merci, les hommes !

Dans la nature, un chat ne vit guère plus de 7 ou 8 ans. Mais dans une maison, il peut facilement atteindre 15 ou 20 ans. Le record connu serait même de 34 ans ! Pour vivre vieux, ton chat doit être bien nourri, et il doit faire régulièrement de l'exercice. Souvent aussi, les chats stérilisés vivent un peu plus longtemps.

quel âge a-t-il ?

Quel âge a ton chat par rapport à toi ? Pour le savoir, regarde sur ce tableau. Il ne suffit pas de multiplier par 7, comme le croient beaucoup de gens !

1 mois →	6 mois	6 ans →	43 ans
2 mois →	10 mois	7 ans →	45 ans
3 mois →	2 ans	8 ans →	50 ans
4 mois →	5 ans	9 ans →	55 ans
5 mois →	8 ans	10 ans →	60 ans
6 mois →	14 ans	11 ans →	62 ans
7 mois →	15 ans	12 ans →	65 ans
8 mois →	16 ans	13 ans →	68 ans
1 an →	18 ans	14 ans →	72 ans
2 ans →	25 ans	15 ans →	74 ans
3 ans →	30 ans	16 ans →	76 ans
4 ans →	35 ans	17 ans →	78 ans
5 ans →	40 ans	18 ans →	80 ans

ses sens baissent

Le vieux chat voit moins bien, entend moins bien... Alors souvent, il reste dans son coin à dormir. Parle-lui, caresse-le pour qu'il ne se sente pas trop seul. Mais ne le force pas à jouer s'il n'en a pas envie !

son corps change

En vieillissant, le chat perd sa silhouette d'adulte. Parfois il grossit, d'autres fois il maigrit ! Regarde aussi son pelage : il est devenu moins brillant, et plus rêche au toucher.

4 – TOUTES LES RACES

Le siamois, c'est le roi,
Le persan, très élégant !
Le rex laisse perplexe.
Et le gouttière ? Il n'est pas fier !

Qu'est-ce qu'une race ?

Il existe aujourd'hui plus de 60 races de chats. Certaines sont très connues, comme les persans ou les siamois. D'autres sont beaucoup moins répandues... Mais ceux que tu vois le plus souvent, ce sont les chats de gouttière : ils représentent 95 chats sur 100 !

un air de famille

Pour faire partie d'une même race, tous les chats adultes doivent se ressembler entre eux, puis transmettre ces ressemblances à leurs chatons. Et cela pendant au moins 5 générations successives !

le pedigree

Devenu adulte, chaque animal est examiné par des spécialistes. S'il n'a pas de « défaut » par rapport à sa race, il reçoit un diplôme appelé pedigree. Et son nom est inscrit dans le Livre des origines de la race, une sorte d'arbre généalogique officiel...

les races naturelles

Dans certaines régions, des chats ont vécu longtemps isolés du reste du monde. Ils se sont alors adaptés à leur environnement. Par exemple, s'il faisait froid, leur fourrure est devenue plus épaisse. Et leurs chatons naissaient avec des poils toujours plus longs...

les races artificielles

D'autres fois, c'est l'homme qui cherche à créer des animaux suivant ses désirs. Par exemple, pour obtenir des chats à nez très court, on fait se croiser entre eux ceux qui ont les nez les moins longs. Génération après génération, cela finit par marcher !

drôles d'erreurs

Parfois, un chaton naît différent des autres. Par exemple avec les poils frisés, ou sans poils du tout... À partir de ces erreurs de la nature, certains éleveurs ont réussi à créer de nouvelles races parfois très bizarres !

Races et variétés

Chez les chats, ce n'est pas comme chez les chiens. Il y a beaucoup moins de différences de taille et de forme entre les races. Mais pour chaque race, il existe de très nombreuses couleurs possibles !

les formes du corps

Quelle que soit sa race, un chat appartient toujours à l'un de ces 3 grands types :

◀ le type européen

Tête arrondie, avec un nez moyen. Oreilles pas trop grandes ni trop écartées. Corps arrondi et bien proportionné. Queue moyenne.

le type asiatique ▼

Tête triangulaire et étroite, avec un nez petit. Oreilles longues et resserrées. Corps allongé, avec des membres fins. Queue longue et fine.

le type persan ▲

Tête plutôt carrée, avec un nez large et aplati. Oreilles petites et très écartées. Corps massif, avec des membres courts. Queue courte et épaisse.

les couleurs du pelage

Dans la nature, le chat a presque toujours le pelage rayé, tigré ou tacheté. C'est très pratique pour se cacher ! Mais aujourd'hui, pour chaque race, les éleveurs ont développé de nombreuses couleurs :

- **Roux :** les Anglais aiment bien cette couleur. Ils l'appellent « orange ».

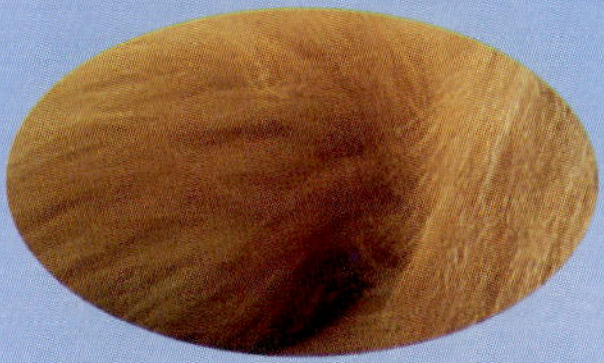

- **Gris :** souvent, il a des reflets argentés.

- **Bleu :** en réalité, le chat n'est pas bleu, mais plutôt gris-bleu.

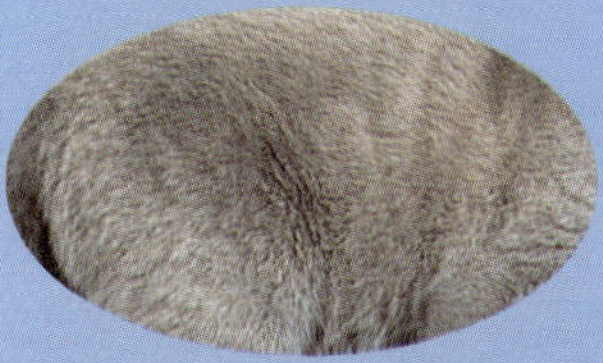

- **Lilas :** c'est une couleur entre le gris et le crème, avec des reflets roses.

- **Blanc :** attention, quand le chat va trop au soleil, le blanc jaunit !

- **Noir :** il doit être bien uni, sans poils d'une autre couleur.

- **Crème :** au départ, c'est un croisement entre chats blancs et roux.

drôle de regard

Pour chaque variété, on recherche souvent une couleur d'yeux bien précise. Parfois, le chat naît avec les yeux vairons, de 2 couleurs différentes ! Mais cela ne trouble pas du tout sa vision.

L'européen

Un jour, les gens décidèrent que le chat de gouttière était aussi intéressant que les autres. Ils le rebaptisèrent « européen ». Donc, tous les « gouttières » sont des européens. Mais seuls les plus beaux sont autorisés à participer aux concours !

l'européen écaille-de-tortue ▶

Noir, roux et crème : ces 3 couleurs doivent être bien mélangées sur tout le corps. En général, les animaux de cette couleur sont presque toujours des femelles. Et quand c'est un mâle, il est presque toujours stérile.

◀ l'européen tigré

On l'appelle aussi « européen tabby ». C'est le pelage le plus répandu. La couleur de fond est rousse ou argentée, avec des marques sombres bien nettes. Et si possible, un M bien dessiné sur le front !

l'européen uni ▼

Il peut être noir, blanc, roux, gris ou de n'importe quelle autre couleur. Mais sa robe doit être bien unie, sans aucun poil de couleur différente ni aucune rayure plus sombre.

l'européen bicolore ▶

Chez lui, la robe doit être divisée en 2 zones bien séparées. Le fond du pelage est sombre (noir, roux, gris...), avec des zones blanches sur la tête et à l'avant du corps.

un chat robuste

Comme tous les chats de gouttière, l'européen est très résistant aux maladies. Alors parfois, les éleveurs font se croiser un mâle avec une femelle d'une autre race plus fragile. Un peu de sang neuf, cela fait du bien !

Les « shorthairs »

Leur nom veut dire « poil court ». En Angleterre et en Amérique, ce sont les cousins de nos chats européens. Mais comme chaque race s'est développée dans son coin, ils ne se ressemblent plus tout à fait...

le british shorthair ▶

Il ressemble beaucoup à l'européen. Mais regarde bien : sa tête est un peu plus ronde, et son corps, plus ramassé. Il en existe aussi de nombreuses autres variétés : unies, rayées, bicolores...

◀ le british blue

Les Anglais sont très fiers de sa belle couleur bleue. Le nez et les coussinets doivent être gris-bleu aussi. Et ses yeux cuivre ou orange se remarquent de loin !

◀ **l'american wirehair**

Cette variété d'american shorthair est le résultat d'un accident génétique. Son pelage est entièrement bouclé, comme celui des agneaux. Même les poils de ses oreilles sont frisés !

l'american shorthair ▶

À l'origine, il descend de l'européen. Mais sa tête est devenue moins ronde, avec un nez plus allongé. Il est plus grand, aussi, avec des pattes épaisses et assez longues.

pas de mélanges !

Plus le temps passe, plus les différences s'accentuent entre l'européen, le british shorthair et l'american shorthair. Dans chaque pays, des associations surveillent la pureté de chaque race, et veillent à ce qu'on ne les croise pas elles !

Les siamois

Celui-là, tu le reconnais tout de suite. Il a le corps tout blanc, et les « pointes » d'une autre couleur. Sa silhouette est très fine, avec la tête en triangle. Et même s'il louche parfois un peu, il a de si jolis yeux bleus !...

le siamois seal point ▶

C'est la plus ancienne couleur du siamois. Son pelage est beige clair sur le dos, et presque blanc sur le ventre et le poitrail. Les pointes sont brun foncé, bien contrastées avec le pelage.

◀ le siamois blue point

Chez lui, les pointes sont bleu-gris pâle. Le dos aussi porte la même couleur, mais beaucoup plus claire. Comme tous les siamois, c'est un chat bavard, avec une voix assez forte.

le siamois chocolate point ▶

Sa robe est blanc ivoire, sans aucune trace sur le dos. Et ses pointes sont de la couleur du chocolat au lait ! La truffe aussi est chocolat, mais les coussinets restent bien roses.

◀ le siamois lilac point

Plus rare que les autres, cette couleur est difficile à obtenir. La robe est blanche comme la glace, les pointes, gris pâle avec des reflets roses. Comme la couleur du lilas fané...

une race ancienne

Le siamois était connu en Thaïlande (l'ancien royaume de Siam) il y a plus de 700 ans. En Europe, les premiers chats sont arrivés vers 1880. Mais ils avaient la tête toute ronde, avec les yeux rougeâtres ! Depuis, les éleveurs ont beaucoup amélioré la race.

Les autres siamois

En plus des 4 couleurs classiques, il existe aujourd'hui plus de 20 autres variétés de siamois. Ce sont tous des chats intelligents et sensibles. Très attachés à leur maître, ils le suivront partout dans la maison !

le siamois red point ▶

C'est le résultat du croisement d'un siamois seal point avec un chat à poil roux. Ses pointes sont d'un orange chaud, plus ou moins foncé. Comme chez tous les siamois, sa queue, très fine, se termine en pointe.

◀ le siamois tabby point

Ce siamois aux pointes tigrées existe en plusieurs couleurs. Sur son front, il porte des marques bien nettes. Ses pattes aussi sont rayées, et sa queue est cerclée d'anneaux, comme un bâtonnet de mikado !

le siamois tortie point ▶

Sur son front, ses pattes et sa queue, il a des marques de 3 couleurs différentes. Elles ne doivent pas être mélangées, mais former des taches bien nettes, comme sur l'écaille des tortues.

couleurs variables

Les chatons siamois naissent tout blancs. Puis, leurs pointes commencent à se colorer tout doucement. Il faut attendre au moins un an pour connaître la couleur définitive du chat.
C'est en hiver que les siamois sont les plus beaux. L'été, le soleil fait pâlir la couleur de leurs pointes et jaunir leur pelage blanc !

Les cousins du siamois

Quelle différence entre un oriental et un siamois ? C'est que l'oriental n'a pas les pointes colorées. Ni les yeux bleus ! Mais leur corps a exactement la même forme. Pas étonnant : ils descendent des mêmes ancêtres...

l'oriental bleu ▶

Son pelage bleu-gris peut être clair ou foncé. C'est une couleur rare, difficile à obtenir. Comme tous les orientaux, il a de préférence les yeux verts, mais aussi parfois jaunes.

◀ **l'oriental blanc**

Son corps doit être d'un blanc pur, sans aucune trace de jaune. Sa fourrure est très courte, fine et brillante comme du satin. Quand il bouge, tu vois ses muscles rouler sous la peau.

l'oriental tabby ▶

Sur son pelage couleur de bronze, il porte des marques plus foncées. Cela peut être des rayures ou de petites taches bien nettes. Autour de ses yeux, un cercle plus foncé lui dessine des lunettes !

miaaaaou !

Comme les siamois, les orientaux sont de grands bavards. Surtout la mère avec ses petits : elle leur parle tout le temps !

◀ Le havane brun

Brun... comme un cigare de La Havane ! Avec sa belle robe brun doré, ce chat est apprécié dans le monde entier. Le nez, les coussinets et même les moustaches doivent être assortis au pelage.

Le burmese et le tonkinois

Ces 2 races-là descendent directement du siamois. Pourtant, malgré leurs noms, elles ne viennent pas du tout d'Asie. Le burmese a été créé en 1930 aux États-Unis. Et le tonkinois, au Canada, dans les années 1960 !

le burmese brun

En France, on l'appelait autrefois le « zibeline ». Sa robe est d'un beau brun profond, légèrement plus clair sur le ventre et la poitrine. Sa tête est un peu plus courte que celle du siamois. Du roux au bleu, il existe aujourd'hui 6 autres variétés de burmeses. Tous doivent avoir les yeux jaunes, qui leur font un beau regard brillant.

un bon copain

Calme et équilibré, le burmese est un bon copain. Quand il est content, il sait te le montrer ! Avec les étrangers, il est aussi moins méfiant que le siamois.

le tonkinois brun

Appelé à l'origine « siamois doré », le tonkinois existe aussi en plusieurs variétés. Il a le pelage dégradé comme le burmese, avec aussi les pointes foncées et les yeux bleus du siamois. Pas étonnant : c'est un croisement de ces 2 races !

une vraie loterie

Pour obtenir à coup sûr un tonkinois, il faut croiser un mâle siamois avec une femelle burmese. Mais si on croise ensemble 2 tonkinois, on a souvent des surprises. En moyenne, sur 4 chatons, on obtiendra 1 siamois, 1 burmese et 2 tonkinois ! Et parfois même, pas de tonkinois du tout !

Les chats unis

Chez de nombreuses races, les éleveurs ont développé des variétés à pelage uni. Mais il existe aussi 4 races à part, qui n'existent que dans leur couleur d'origine. Écoute leur histoire, elle est souvent très ancienne.

le chartreux

Puissant et massif, il pèse jusqu'à 6 kg. Sa fourrure est épaisse et, si tu l'écartes, tu verras que même sa peau est bleue ! Calme et indépendant, le chartreux miaule peu. Il préfère te regarder avec ses beaux yeux orange...

ami des moines

Le chartreux est connu depuis le XIVe siècle. C'est le seul chat de race d'origine française. Dans certains monastères, les moines l'élevaient pour chasser les souris. Beaucoup moins sympathique : sa fourrure se vendait aussi très cher !

le bleu russe

Son corps est plus fin que celui du chartreux. Sa tête est moins ronde aussi, et ses yeux sont verts... Mais le bleu russe possède surtout un pelage étonnant. Il est court et très épais, serré comme une peluche !

russe ou anglais ?

Le bleu russe est arrivé en Europe vers 1860. Des marins anglais l'avaient ramené de Russie. 100 ans plus tard, ce chat n'existait presque plus dans son pays d'origine. Alors, des Russes sont revenus en chercher quelques-uns en Angleterre !

Le korat et le chat de Bombay

Le premier vient de Thaïlande, où il est connu depuis plus de 7 siècles. Le second, malgré son nom, vient des États-Unis où sa race a été créée vers 1950 !

le korat

Regarde sa tête : elle a la forme d'un cœur. Ses yeux sont verts, et ses poils, d'un beau gris-bleu avec les extrémités argentées. C'est un chat facile à dresser, qui pourra même apprendre de petits tours d'acrobatie !

pas de mélanges

Au royaume de Siam, le korat était un chat précieux. Les riches familles surveillaient de près son élevage. Résultat : la race est très pure, elle n'a jamais été mélangée avec aucune autre.

le chat de Bombay

Il a un corps souple et allongé, et une petite tête tout arrondie. Avec son pelage brillant et serré, on dirait vraiment une panthère noire miniature ! Pour arriver à ce résultat, son éleveur a croisé des burmeses avec des american shorthairs.

des yeux qui changent

Le chat de Bombay et le chartreux ont un point en commun. À la naissance, leurs yeux sont bleus, comme ceux de tous les chatons du monde. Puis, pendant quelques semaines, ils deviennent gris. Enfin, ils prennent leur belle couleur orange...

Les chats tiquetés

Ces chats-là ont un pelage différent des autres. Chaque poil, de couleur claire, comporte une bande plus foncée. C'est ce « tiquetage » qui leur donne une allure un peu sauvage...

le singapour

Ce petit chat robuste fut découvert à Singapour en 1975. Sa couleur la plus appréciée est un beau brun doré, avec un tiquetage brun sombre. La poitrine et le menton sont plus clairs.

passe-partout

Le singapour est une race bien connue aux États-Unis, moins en Europe. Calme, affectueux et très propre, il s'adapte à tous les habitats. La femelle est une mère très attentive.

l'abyssin

Sa couleur de base est un brun chaud tiqueté de noir, avec le ventre et l'intérieur des pattes orange foncé. On dirait le pelage d'un lièvre ! Très élégante, sa queue se termine par une touche de noir, comme un pinceau.

un joyeux copain

L'abyssin est le chat de race le plus populaire après le persan et le siamois. C'est un chat très joueur et qui aime se dépenser. Pour qu'il soit heureux, il doit pouvoir courir dans un jardin !

Les chats mouchetés

Sur leur pelage, tu vois de petites taches comme sur certains félins sauvages. Pourtant, ils ne sortent pas de la jungle : ces 2 races ont été créées aux États-Unis dans les années 1950-1960...

le mau égyptien

C'est un très beau chat au physique fin, proche de l'abyssin. Les taches de sa robe forment des points bien séparés, répartis sur tout le corps. Sur sa tête, de jolis traits semblent tracés au crayon noir.

une renaissance

Le mau ressemble aux chats égyptiens d'il y a 3 000 ans, qu'on voit dessinés sur les fresques. Pour recréer cette race, les éleveurs ont dû croiser des dizaines de chats différents !

l'ocicat

Croisement d'abyssin et de siamois, il possède un pelage tiqueté. Mais en plus, sa robe est recouverte de mouchetures bien nettes. Comme celles de l'ocelot, d'où son nom !

nouveau venu

Assez grand, l'ocicat peut peser 5 à 7 kg. C'est un chat amical et social, mais pas trop bavard. Il en existe aussi des variétés avec le pelage argent ou bronze. En Europe, le premier chaton est né en 1984 seulement !

Drôles de chats

Parfois, au milieu d'une portée ordinaire, naît un chaton pas comme les autres. À cause d'une anomalie génétique, il a le pelage ou la forme du corps différents. Dans certaines circonstances, cela peut être le début d'une nouvelle race !

le manx

Tu ne trouves pas qu'il lui manque quelque chose ? La queue, bien sûr ! Parfois il n'en a pas du tout, et parfois juste un petit bout. En plus, ses pattes arrière sont très longues. Il avance en sautillant comme un lapin !

sur une île

Le manx vient de l'île de Man, au large de l'Angleterre. Isolée du reste du monde, la race s'est transmis cette curieuse mutation. C'est aussi un chat très intelligent et affectueux, facile à dresser.

le bobtail japonais

Déroulée, sa queue mesure 10 cm, ce qui est déjà très court. Mais en plus, il la porte repliée en chignon ! On le préfère avec une robe tricolore : noir, blanc et roux, avec des taches bien séparées.

porte-bonheur

Le bobtail était connu en Chine il y a plus de 1 000 ans. Au Japon, on l'appelle *mi-ké*. C'est un chat très recherché. Quand il vit dans une maison, on dit qu'il attire le bonheur...

Drôles d'oreilles

Ces 2 chats-là ont vraiment une tête à part. À la naissance, leurs oreilles sont droites. Mais quand ils grandissent, les voilà qui se mettent à prendre une allure plutôt bizarre...

le scottish fold

Ses oreilles sont repliées sur la tête. On dirait qu'il porte une casquette ! Mais ne te fie pas à son air qui peut sembler un peu triste. C'est un chat très gai et affectueux.

gare à l'erreur !

Chez les chats « normaux », la position des oreilles est très importante. Alors, le scottish fold a parfois des ennuis avec les autres chats. Ils croient qu'il a replié ses oreilles pour se battre !

l'american curl

Le cartilage de ses oreilles n'est pas très ferme. Alors, elles se renversent en arrière. De face, on dirait des croissants de lune. Avec l'intérieur tapissé de poils longs et élégants !

longue attente

L'american curl est une race difficile à élever, car beaucoup de chatons naissent avec des oreilles normales. Et dans tous les cas, il faut attendre l'âge de 6 mois avant qu'elles prennent leur forme définitive.

Drôles de poils

Mon premier ressemble à un agneau. Mon second... à un extraterrestre ! Mon tout est une paire de chats bizarres, qui doivent absolument vivre au chaud. Devine pourquoi ?

le rex

Impossible d'être plus frisé que lui ! Son poil ressemble à celui d'un agneau nouveau-né. Très doux au toucher, son pelage peut être de toutes les couleurs. C'est aussi un chat très sympa, au caractère vif et curieux.

les lapins aussi

Le terme « rex » désigne tous les chats frisés. Il en existe plusieurs sous-races, avec de petites différences de pelage. Et on connaît aussi des lapins rex, qui ont la même anomalie génétique !

le sphinx

C'est lui, le fameux « chat nu ». Du coup, on voit tous les replis de sa peau. Elle peut être toute rose ou bien colorée : brune, noire, blanche, bleue... Souvent, le sphinx n'a même pas de moustaches !

gare au soleil !

Malgré son apparence étrange, le sphinx est un chat très affectueux. Caresse-le : sa peau est douce et chaude au toucher, un peu comme celle du daim. Et surveille-le bien en été : il peut attraper des coups de soleil !

Les « mi-longs »

Ces chats-là n'ont pas le poil court... Ni aussi long que celui des persans. Alors en Europe, on les a appelés les « mi-longs ». Mais pour les Américains, ce sont tout simplement des chats à poil long !

le balinais

Venu des États-Unis, c'est un siamois à poil long. La forme de son corps est exactement la même, et il a aussi les yeux bleus. Il existe dans les 4 variétés habituelles des siamois, avec la tête et les pointes plus foncées que le corps.

son copain préféré

Le balinais est un chat sociable et affectueux. Il est aussi un peu exclusif. Quand il s'est choisi un copain, il le préfère à tous les autres membres de la famille !

le birman

Regarde ses pattes : elles se terminent par de jolis « gants » qui doivent être d'un blanc très pur. Ils doivent si possible se terminer en pointe au talon, et ne pas remonter trop haut sur les pattes !

un rescapé

Appelé aussi « chat sacré de Birmanie », il est connu dans ce pays depuis au moins le XVIIIe siècle. En France, la race a failli disparaître, il n'en restait plus qu'un seul couple en 1950 !

Deux autres « mi-longs »

Ces 2 chats-là ont chacun une belle réputation. L'un pour sa beauté, l'autre pour son caractère. Très connus aux États-Unis, ils sont beaucoup plus rares en France.

le somali

C'est un abyssin à poil long. Son pelage brun doré porte le fameux « tiquetage » noir. Autour de sa tête et sur son ventre, les poils sont encore plus longs. Et sa queue très touffue forme un gros panache !

bon chasseur

Un peu plus grand que l'abyssin, le somali a beaucoup d'énergie. Pour le rendre heureux, mieux vaut avoir un jardin. Il adore jouer et chasser les souris qui passent !

le ragdoll

Ce beau grand chat ressemble un peu au birman. Mais il a surtout une particularité étrange. Quand on le caresse, il relâche tous ses muscles. Il devient alors tout mou comme une poupée de chiffon !

patience d'ange

La « mollesse » du ragdoll viendrait d'une mutation génétique. C'est un chat extrêmement doux et très patient avec les enfants. Idéal pour vivre en appartement !

Les angoras

Le chat angora était connu en Turquie dès le XVIe siècle. Il fut longtemps le seul chat à poil long. Puis les gens préférèrent le persan, et l'angora faillit disparaître !

l'angora turc

Le blanc est la couleur d'origine de la race. Mais il en existe aujourd'hui beaucoup d'autres. L'angora est grand, avec les pattes fines. Son pelage est épais et long en hiver. L'été, il a les poils presque courts !

la turc Van

Lui aussi vient de Turquie, et il ressemble beaucoup à l'angora turc. Mais sa queue est rousse, et il porte sur la tête des marques de la même couleur. Doux et affectueux, il est très aimé dans son pays d'origine.

il adore l'eau !

Son nom complet est « chat turc du lac de Van ». Car ce chat est vraiment étonnant. Il adore se baigner dans l'eau ! Et, s'il y est habitué très jeune, il deviendra vite un excellent nageur.

Les chats forestiers

Rien à voir avec le chat sauvage. Ces 3 races sont bien des chats domestiques. Mais, comme ils ont longtemps vécu dans la nature, leur corps s'est adapté pour résister aux rudes hivers...

le skogkatt ▶

Venu de Norvège, c'est un grand chat musclé. Sa fourrure est si épaisse, qu'elle garde la trace du doigt qu'on enfonce dedans ! En plus, il porte une « barbe » qui lui descend des joues.

◀ le sibérien

En Russie, on le connaît depuis presque 1 000 ans ! Il ne craint pas les grands froids, avec sa fourrure très épaisse et serrée. Robuste et intelligent, c'est aussi un redoutable chasseur de rats.

le maine coon

C'est le plus grand de tous les chats. Il pèse en moyenne 7 kg, le double d'un chat normal ! Vivant en Amérique du Nord, il est le descendant des premiers chats importés d'Europe. Très robuste, il a même des poils entre les doigts pour courir sur la glace.

des chats d'extérieur

Le maine coon, le sibérien et le skogkatt sont de vrais chats d'extérieur. Robustes, excellents chasseurs, ils savent très bien se débrouiller dans la nature. Mieux vaut donc éviter de les enfermer en appartement !

Les persans

L'ancêtre du chat persan, c'est le chat angora. Il en existe actuellement plus de 80 variétés différentes. Et beaucoup de gens l'adorent : à lui seul, le persan représente aujourd'hui 2 chats de race sur 3 !

le persan noir ▶

C'est la plus ancienne variété de persans. Sa truffe et ses coussinets doivent être noirs aussi, et ses yeux orange. Mais attention, s'il reste trop longtemps au soleil, son pelage devient un peu marron !

◀ **le persan blanc**

En France, c'est le persan le plus répandu. Comme tous les chats blancs, il ne doit avoir aucun poil d'une autre couleur. Sa truffe et ses coussinets sont roses, et son nez, un peu plus court que celui du persan noir.

le persan roux

Chez lui, tout est rouge ! La truffe et les coussinets, couleur de brique. Les yeux, orange vif. Et le pelage, bien sûr... Mais c'est une variété rare et difficile à obtenir, car sa robe est souvent marquée de rayures sombres.

un chat d'intérieur

Les persans ont tous un corps plutôt épais. Leur tête est ronde et massive, avec de petites oreilles arrondies et très écartées. Calmes et placides, ce sont de vrais chats d'intérieur, très attachés à leur maître.

Encore des persans

Pour créer ces variétés-là, les éleveurs ont travaillé longtemps. Les couleurs se mélangent, les reflets brillent... Et les plus beaux chats se vendent toujours très cher !

le persan smoke ▶

À la surface du pelage, son poil est sombre. En dessous, il est gris clair. Et quand le chat bouge, les 2 couleurs se mélangent et remuent... comme de la fumée, qui se dit smoke en anglais !

◀ le chinchilla

Pour certains, c'est le « roi » des chats de race. Sa fourrure brille comme de l'argent, grâce à de très légères marques noires sur son poil blanc. Sa truffe est rouge brique, et ses yeux d'un vert profond, entourés d'un trait noir, comme du maquillage !

le persan marbré

Il porte sur son pelage les marbrures de ses cousins « gouttières ». Mais pas n'importe comment ! On préfère un dessin précis, avec 3 bandes noires sur le dos, et un M bien dessiné sur le front.

le persan à face de pékinois

Des éleveurs ont développé une race de chat persan à la face plate et au nez très court, comme un chien pékinois. Mais il a parfois du mal à respirer, et ses mâchoires ne se rejoignent pas très bien. Pas très malin, non ?

Toujours des persans

Chez le persan, les éleveurs ont cherché à reproduire toutes les couleurs possibles. Mais pas n'importe comment ! Pour chaque variété, la robe doit respecter des règles bien précises !

le persan bicolore ▼

Il en existe 6 variétés : noire, bleue, chocolat, rouge, lilas et crème. La seconde couleur est toujours le blanc, qui doit être bien séparé, et ne jamais couvrir plus de la moitié de la robe !

◀ le persan écaille-de-tortue

Chez lui, le pelage doit avoir 3 couleurs différentes.
Par exemple : noir, blanc, roux. Ou bien noir, roux, brun.
Ou encore noir, bleu, crème... Les taches doivent être bien nettes et se mélanger en créant un effet de profondeur.

le persan colour point

Un persan avec les couleurs du siamois ? Mais oui, c'est possible ! Les Américains l'appellent « himalayan ». Il existe dans toutes les variétés du siamois, avec les pointes toujours bien marquées. Et les yeux bleus, bien sûr !

un chat à bichonner

Avoir un persan, c'est bien. Mais il faut aussi avoir du temps pour s'en occuper. Il faut le brosser souvent, au moins une fois par semaine ! Sinon, en se léchant, il risquerait d'avaler trop de poils et de tomber malade.

5 – LES COUSINS DU CHAT

Silhouettes fines, têtes rondes.
Aux quatre coins du monde,
Ils sont là, mais qui les voit ?
En silence, ils guettent leurs proies.

La famille féline

Le chat domestique appartient à la grande famille des félidés. Elle rassemble au total 35 espèces vivant dans le monde entier. Tu connais le tigre et le lion, bien sûr. Mais il existe aussi de nombreux petits « chats » très étonnants !

des ancêtres impressionnants

Les félins sont apparus sur Terre longtemps avant l'homme. Le plus terrible de leurs ancêtres, le smilodon, vivait il y a un million d'années. Ses dents mesuraient 20 cm de long !

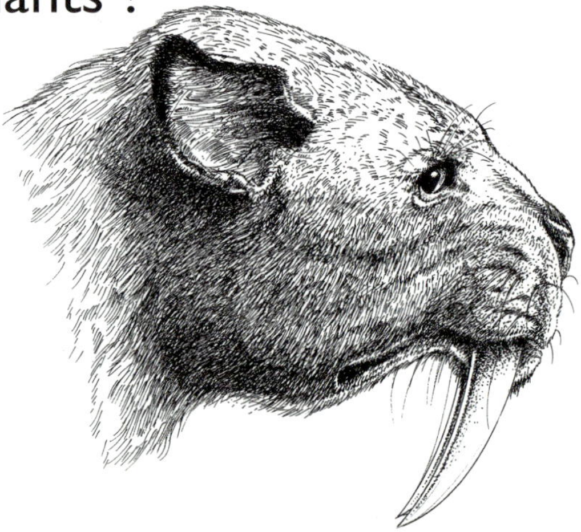

de grandes ressemblances

Imagine que le chat et le tigre aient la même taille. Il n'y aurait pas tant de différences. Tous deux ont à peu près la même silhouette allongée. Avec de longues pattes arrière pour bondir, et des pattes avant très musclées pour frapper leurs proies.

des espèces menacées

Grands ou petits, la plupart des félins sauvages sont aujourd'hui des espèces menacées. Parfois, des braconniers les tuent pour leur peau. Et chaque jour, l'homme détruit un peu plus les forêts où ils vivent...

qui sont les « fauves » ?

Sous ce nom, on a rassemblé les 5 plus grandes espèces de félins : le lion, le tigre, la panthère, le jaguar et le léopard des neiges. Ce sont les seuls capables de rugir. On les entend parfois à des kilomètres !

le cas du guépard

Le guépard vit en Afrique. C'est le seul félin qui ne peut pas rentrer ses griffes. Elles restent toujours sorties comme celles du chien. Mais cela lui permet de courir jusqu'à 100 km/h. C'est l'animal terrestre le plus rapide du monde !

Petits félins d'Europe

Notre continent n'est pas riche en félidés sauvages. Il n'en reste plus aujourd'hui que 2 espèces : le chat sauvage et le lynx. Ce sont des animaux très rares et très difficiles à observer.

le lynx

Il vit dans les montagnes et les régions froides. Il ressemble à un gros chat, et peut peser de 15 à 30 kg. Ses oreilles pointues se terminent par un pinceau de poils noirs. Le lièvre est sa proie favorite : il peut en attraper 3 à 5 par jour.

un revenant

Au XIXe siècle, le lynx avait disparu en France. Depuis, on en a relâché plusieurs couples dans les Alpes. Ils ont fait des petits, et sont aujourd'hui quelques dizaines.

le chat sauvage

Plus lourd et plus trapu qu'un chat domestique, il possède une queue très touffue. En France, c'est une espèce protégée depuis 1979. Il vit surtout dans les forêts froides du Centre et de l'Est. Au crépuscule, il chasse de petits rongeurs.

très difficiles à voir

Le chat sauvage et le lynx sont des animaux solitaires. Très discrets, ils se montrent rarement en plein jour. Ils ont plutôt peur de l'homme et ne l'attaqueront jamais. Sauf si c'est une femelle et qu'on essaie de toucher à ses petits !

Petits félins d'Afrique

Au royaume du lion et du guépard, vivent aussi plusieurs espèces de petits félidés. Mais l'homme leur vole leur territoire, et ils sont de moins en moins nombreux...

le chat à pattes noires ▶

C'est le plus petit félidé du monde : il pèse parfois moins de 1 kg ! Il vit dans les déserts d'Afrique du Sud, chassant les petits rongeurs, les lézards et même les insectes.

◀ le chat du désert

Plus petit qu'un chat domestique, il se cache le jour dans un terrier. La nuit, il chasse dans le désert. Avec ses oreilles écartées, il entend les proies de très loin.

le serval ▶

Haut sur pattes, il a une petite tête et de très grandes oreilles. Il vit dans la brousse et la savane. Il ronronne comme un chat, et peut s'apprivoiser !

le chat doré ▶

Deux fois plus gros qu'un chat domestique, il vit surtout dans les forêts humides. Son pelage est court et serré, marqué de petites taches.

◀ le caracal

Il ressemble au lynx, avec ses oreilles pointues terminées par des pinceaux noirs. S'il est capturé jeune, il peut être apprivoisé.

le chaus ▶

Appelé aussi « chat des marais », il vit dans les zones humides d'Égypte et d'Asie. Il peut peser jusqu'à 15 kg.

Petits félins d'Asie

C'est en Asie que vit le tigre. Et aussi de nombreux autres félins discrets, dont certaines espèces sont encore assez mal connues...

le chat du Bengale ▶

Pas plus gros qu'un chat domestique, il a le pelage tacheté d'une panthère. Très courageux, il n'hésite pas à s'attaquer à de plus grosses proies que lui.

◀ le chat pêcheur

Il vit toujours près de l'eau, et plonge la tête la première pour pêcher poissons, grenouilles et crustacés !

le manul ▶

Appelé aussi « chat de Pallas », il a un petit corps court et trapu. Et surtout une drôle de tête avec des oreilles sur le côté...

le chat tacheté ▶ de rouille

Il pèse de 1 à 2 kg : c'est l'un des plus petits félidés du monde ! Sa fourrure est marquée de points roux. S'il est capturé jeune, on peut l'apprivoiser.

le chat de Temminck ▶

Assez gros, il peut peser jusqu'à 18 kg. Il vit en montagne, jusqu'à 3 000 m d'altitude, et porte sur la tête 2 bandes blanches bien nettes.

Petits félins d'Amérique

Du Canada jusqu'à la Terre de Feu, les petits félins sont présents partout en Amérique. Mais pour survivre, ils sont forcés de se réfugier dans les endroits les plus reculés...

l'ocelot ▶

Son pelage est l'un des plus beaux du monde félin. De couleur fauve clair, il est marqué de taches brunes cerclées de noir, appelées « ocelles ».

le margay ▲

Plus petit que l'ocelot, il a presque le même pelage. Très souple, il vit surtout dans les arbres où il chasse les écureuils, les singes et les oiseaux.

le colocolo ▶

De la taille d'un gros chat domestique, il a un pelage tacheté et des rayures sur les pattes. On le rencontre dans toute l'Amérique du Sud.

◀ le jaguarondi

Ce drôle de petit chat ressemble à une belette ! Son corps est très allongé, avec des pattes courtes et une toute petite tête. Son pelage est court et très serré.

le chat des Andes ▶

Très rare, il vit dans les montagnes, jusqu'à 5 000 m d'altitude. Pour résister au froid, son corps est recouvert d'une épaisse fourrure.

◀ le puma

Appelé aussi « couguar », il peut atteindre 100 kg ! Discret et craintif, il n'attaque jamais l'homme. Et quand il est content, il ronronne...

6 – LE CHAT ET L'HOMME

Le prophète Mahomet
avait une chatte
Qui s'endormit un jour
sur sa manche
Et lui, plutôt que de la réveiller,
il préféra déchirer son habit !

Tout commence en Égypte

Il y a 5 000 ans, les Égyptiens apprivoisèrent pour la première fois le chat. Au début, ils lui demandaient surtout de chasser les rats. Puis ils finirent par adorer ce mystérieux petit « sphinx »...

la déesse Bastet

Elle avait un corps de femme... et une tête de chat. Symbole de l'amour et de la maternité, c'était une déesse très appréciée. On a trouvé des milliers de statuettes à son effigie.

momies de chats

En Égypte, le chat était vraiment considéré comme un dieu. Quiconque en tuait un risquait la peine de mort ! Quand le chat de la maison mourait, tout le monde était très triste. On poussait des cris, on se rasait les sourcils en signe de deuil. Puis on momifiait le petit corps, avant de le mettre dans un sarcophage.

dans tous les foyers

Les Égyptiens appelaient le chat « myeo ». Répète-le à voix haute, tu comprendras pourquoi ! Il avait sa place dans toutes les maisons, chez les pauvres comme chez les riches. Sur les dessins des papyrus, on voit des chats à la silhouette fine, avec des pattes très longues et une tête un peu pointue. Un peu comme l'abyssin aujourd'hui...

la ruse des Perses

En 525 avant J.-C., les Perses attaquent Péluse, une grande cité égyptienne. Ils ont l'idée d'attacher un chat vivant sur le bouclier de chacun de leurs 600 soldats. Épouvantés, les Égyptiens préfèrent se rendre, plutôt que de risquer de blesser un seul chat !

Autour du monde

Au cours des siècles, le chat domestique a suivi l'homme dans tous ses grands voyages. Mais il n'était pas accueilli partout de la même façon ! Voici 3 exemples parmi beaucoup d'autres...

volé par les Grecs

Pour chasser les rats, les Grecs élevaient des belettes ou des fouines. Mais ces petits carnassiers tuaient aussi leurs poules. Ils demandèrent aux Égyptiens de leur vendre des chats. Pas question ! répondirent les Égyptiens. Alors, les Grecs décidèrent de leur en voler, ce qui provoqua de terribles disputes...

chouchouté par les Japonais

Longtemps, les chats furent traités au Japon comme des seigneurs. Ils mangeaient les meilleurs plats, dormaient sur des coussins de soie. À force, ils devinrent très paresseux. Et en 1602, l'empereur, furieux, ordonna qu'on les chasse des maisons. Ainsi, ils se remirent à capturer les rats et les souris...

ignoré par les Indiens

En Amérique, les Indiens hurons ne connaissaient que les chats sauvages, qui étaient nuisibles car ils tuaient le gibier. Imagine leur surprise quand des missionnaires français donnèrent en cadeau un couple de chats ! Ils les prirent pour des fous...

Le chat et le diable

Depuis toujours, l'Église catholique se méfiait du chat. Mais au Moyen Âge, la guerre est déclarée. On le chasse, on le tue, on le torture... Et pendant ce temps-là, les rats se multiplient !

complice des sorcières

Dans les histoires de sorcières, apparaît presque toujours un chat. Les gens inventent sur lui de folles légendes. Ici,on aurait vu des chats danser sous la pleine lune. Ailleurs, un chat noir se serait enfui devant un crucifix...

pour devenir invisible

(recette du Moyen Âge)

- Mettez un chat dans le pot, en tenant le couvercle de la main gauche.
- Laissez bouillir 24 heures.
- Mettez la viande dans un plat neuf et jetez-le par-dessus votre épaule.
- Regardez-vous dans un miroir : vous n'y êtes plus !

des supplices cruels

À Paris, la nuit de la Saint-Jean, on enfermait des chats dans un sac avant de les brûler vifs ! Le roi lui-même venait allumer le bûcher. Cette coutume dura plusieurs siècles, avant d'être interdite en 1648.

la vengeance des rats

Longtemps, l'Europe a souffert de la peste. Cette maladie était transmise par les puces des rats qui débarquaient des navires. Vers l'an 1350, une seule épidémie tua les deux tiers de la population ! S'il y avait eu plus de chats pour tuer les rats, beaucoup de vies auraient sans doute été sauvées.

Le retour du chat

Au XVIIIe siècle, on redécouvre peu à peu les qualités du chat. Depuis, le petit animal a lui aussi sa place dans la grande Histoire de France...

protégé de Richelieu

Le sévère cardinal de Richelieu (1585-1642) était un grand amoureux des chats. Il en amène des dizaines à la cour du roi Louis XIII ! Au début, les gens se méfient de ces animaux. Puis ils deviennent à la mode, et chaque dame veut en posséder un.

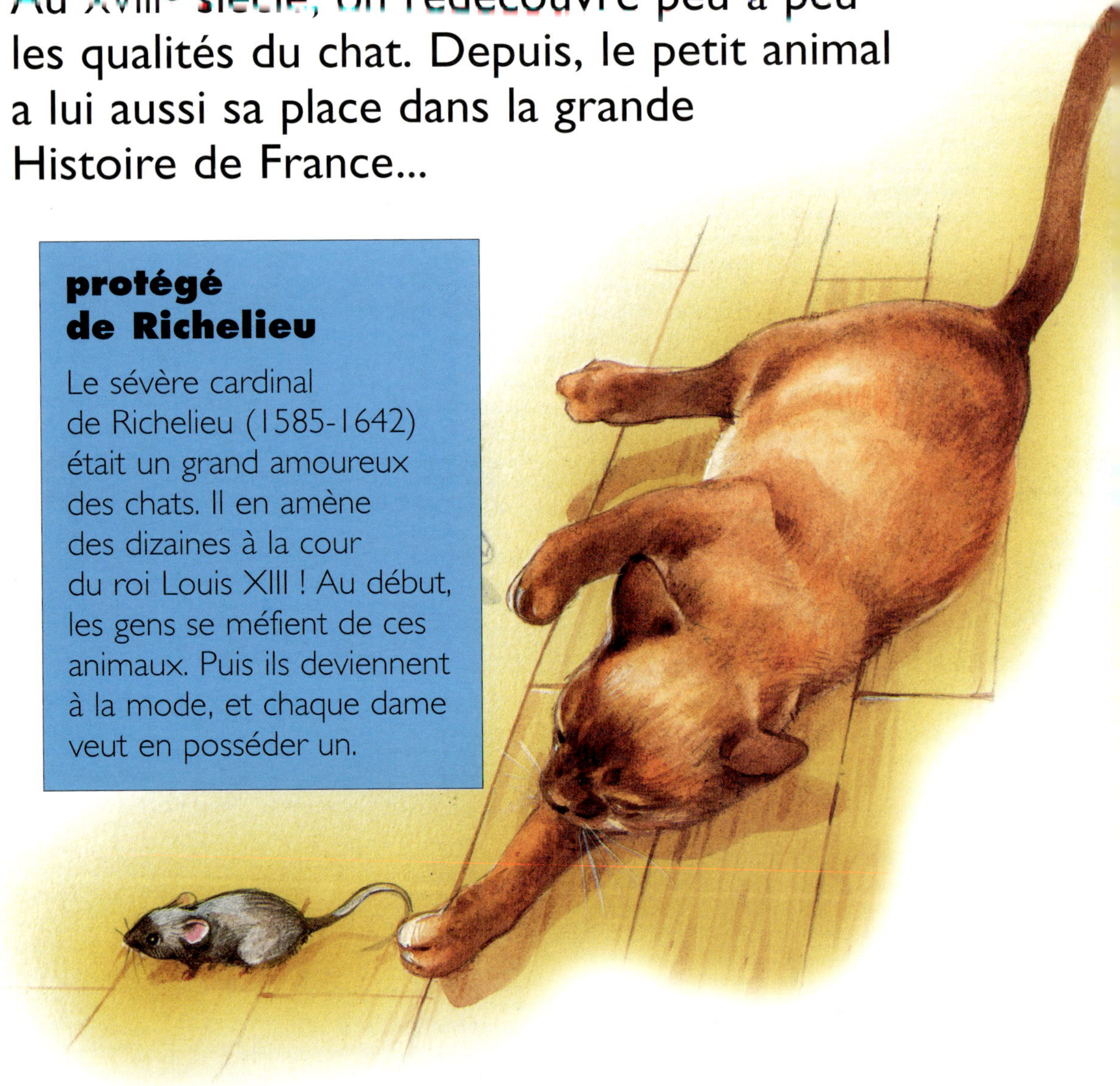

soldat de Bonaparte

Napoléon Bonaparte, lui, était allergique aux chats. En 1799, tandis que la peste menace son armée, il demande aux savants d'inventer des pièges et des poisons pour tuer les rats. Mais aucun ne se révèle aussi efficace que les chats. Alors Bonaparte change d'avis, et ordonne qu'on les élève par milliers...

l'ennemi numéro 1

Vers 1660, sous Louis XIV, le ministre Colbert ordonne que chaque navire embarque au moins 2 chats pour tuer les rats de la cale. Et gare au capitaine qui ne respectera pas la loi !

merci, monsieur Pasteur

Au XIXe siècle, Louis Pasteur (1822-1895) découvre l'existence des microbes. On se méfie désormais de tous les animaux. Sauf du chat, puisqu'il passe ses journées à se nettoyer. Alors on le fait entrer dans les maisons. Depuis, il n'est plus jamais ressorti !

Félix le Chat
(dessin animé)

Le chat illustré

Depuis les Égyptiens, les artistes n'ont jamais cessé de dessiner des chats. Réalistes ou rigolos, il y en a pour tous les goûts !

Boîtes de Fromage

Vignettes illustrées

Statuette irlandaise

Œuf de Pâques

Terre cuite du Pérou

Assiette

Les métiers du chat

Un chat ne se dresse pas comme un chien. Alors, tu n'en verras jamais aucun « travailler » avec les hommes. Mais certains hommes, eux, passent leurs journées à s'occuper des chats...

vétérinaire

Le vétérinaire est le médecin de tous les animaux. Mais en ville, il voit surtout des chats et des chiens ! C'est un métier très long à apprendre, car il faut savoir beaucoup de choses.

- À son bureau, il t'écoute et te conseille.
- Sur une table spéciale, il examine ton chat.
- Sur le mur, un écran lumineux lui permet d'observer les radios.
- Avec les instruments stérilisés, il fait des interventions chirurgicales.

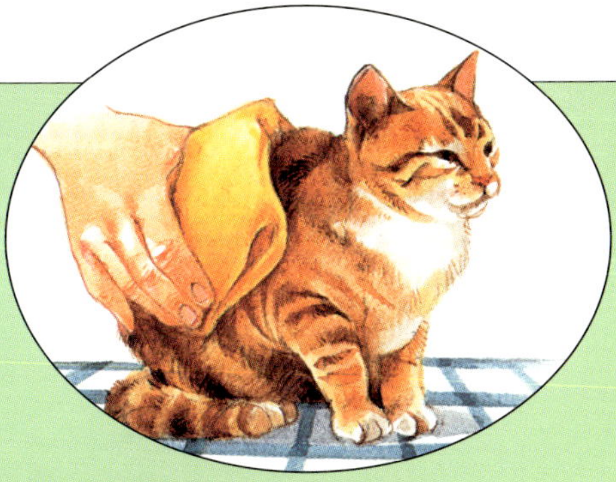

toiletteur

Dans les salons de toilettage, on reçoit d'abord des chiens. Mais aussi des chats, surtout s'ils ont les poils longs. Le toiletteur leur donne un shampooing, les sèche et les brosse doucement. Puis il leur taille les griffes, et nettoie leurs oreilles et leurs yeux.

drôles de métiers

Aux États-Unis, il existe une chaîne de télévision destinée aux chiens et aux chats. On y voit des oiseaux qui chantent, des poissons qui nagent... Et bien sûr, de la publicité pour leurs maîtres !

Dans une chatterie

Une chatterie, c'est un endroit où on s'occupe d'un grand nombre de chats. Cela peut être un élevage de chats de race. Ou bien un refuge pour chats abandonnés...

l'éleveur

Élever des chats de race, ce n'est pas si facile. Il faut bien connaître les lois de la génétique, et prévoir des croisements sur plusieurs années ! Il faut aussi être inscrit à un club félin, et respecter toutes les caractéristiques de la race.

le coin repos

Dans la chatterie, tous les chats sont forcés de partager le même territoire. Mais chacun doit quand même avoir son petit coin à lui. Attention aux disputes !

le coin repas

2 fois par jour, on sert la pâtée. Et pour éviter que les plus forts mangent tout, on prévoit plusieurs gamelles un peu éloignées. Après, il faut tout nettoyer !

le coin jeux

La chatterie reste une grande cage. Et le chat a besoin de se dépenser. Alors, il faut prévoir un grand espace de jeux. Avec de quoi se cacher, grimper, sauter... Comme dans la jungle !

en pension

Dans certaines chatteries, on accepte des pensionnaires pour les vacances. Contre un peu d'argent, ton copain sera nourri et soigné. Il pourra jouer avec d'autres chats. Le temps lui semblera moins long !

Le concours félin

Pour les éleveurs, c'est un grand moment. On emmène le chat dans une exposition, où il sera examiné par des juges. Il pourra même peut-être gagner un prix !

la foire aux minous

Chaque année, de nombreuses expositions sont organisées par les clubs félins. Les plus grandes rassemblent des centaines de chats et attirent des milliers de visiteurs. L'occasion d'admirer des chats de race, et même d'en commander un à son éleveur...

le juge est le roi

• Avant d'être jugé, chaque chat est placé dans une cage numérotée. Le juge ne sait pas à qui il appartient. • Il sort le chat de sa cage, le pose devant lui, l'examine et le palpe doucement. Puis il annonce une note, qui ne peut pas être discutée. • Ensuite, il se désinfecte les mains, et au suivant !

chacun sa classe

Tous les chats ne concourent pas dans la même classe. Il y a d'abord les « classes jeunes » pour les chatons de 3 à 9 mois. Puis les « classes ouvertes » pour les chats adultes. Et enfin, les « classes champions » pour les chats ayant déjà reçu des prix. Pour les chats de gouttière, il existe aussi la classe « chats de maison ».

un vrai champion

Pour un chat, le titre le plus élevé est celui de « champion d'Europe ». Mais le plus content, c'est son éleveur. Car les propriétaires de femelles de la même race lui donneront beaucoup de sous pour que son champion leur fasse des bébés !

Des chats partout

Il y a dans le monde environ 400 millions de chats. En Europe, 1 foyer sur 4 en possède un. Mais le plus précieux de tous, bien sûr... c'est le tien !

le paradis des chats

Dans tous les pays du bassin méditerranéen, le chat est le roi des rues. Nourri par la population, il passe ses journées à lézarder au soleil. Le symbole d'une certaine douceur de vivre !

il nous fait du bien

Avoir un chat, c'est bon pour la santé ! Des expériences ont prouvé que, quand on le caresse, on devient plus calme, moins « stressé »...

une vraie industrie

Dans les pays riches, les gens dépensent beaucoup d'argent pour leur chat. La nourriture, la litière, les accessoires, les jouets... Tous ces produits sont fabriqués par des centaines d'entreprises, qui font vivre des milliers de personnes.

les chats abandonnés

Chaque année avant les vacances, des milliers de chats sont abandonnés sur les routes. C'est triste et révoltant. Certaines personnes confondent le chat avec un jouet, et s'en débarrassent au premier souci.

7 – HISTOIRES DE CHATS

Ami des fées,
magicien ou sorcier,
Je griffe les légendes
et miaule les amours...

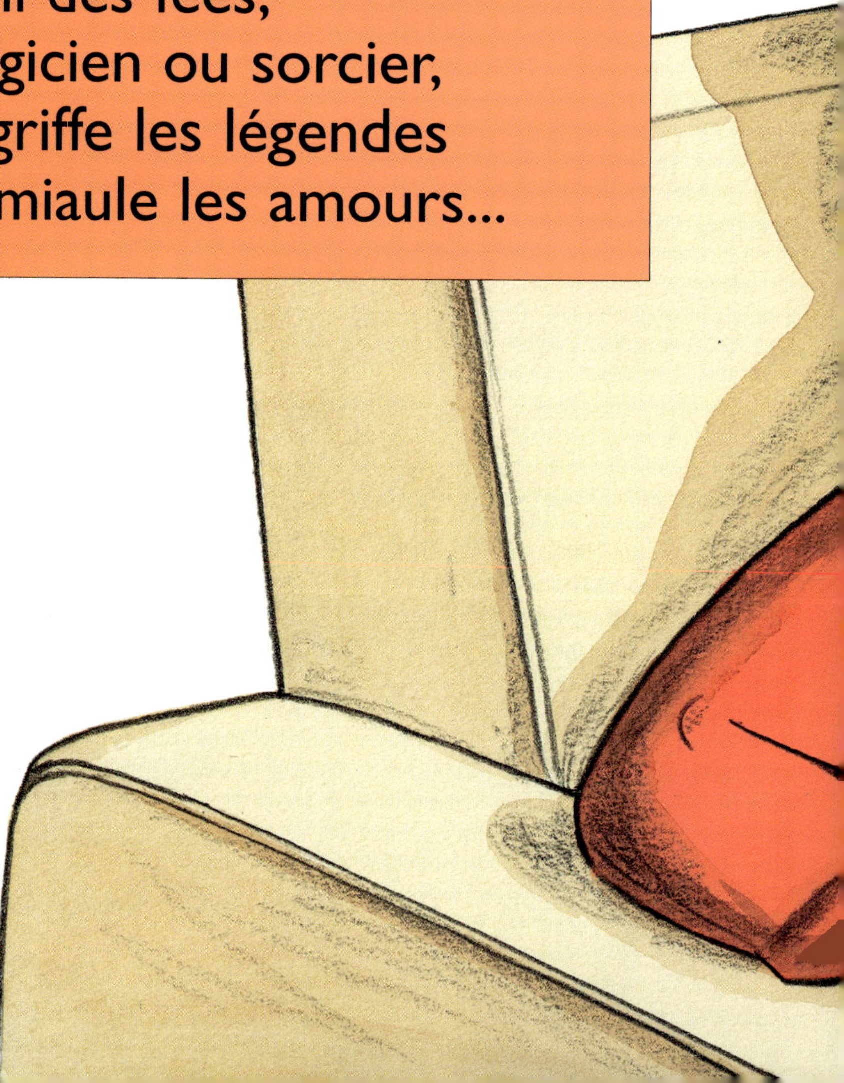

Histoires de Chats

Tibert, Renart et l'Andouille

Dans le roman de Renart, écrit au Moyen Âge, les animaux parlent comme des hommes. Et le chat Tibert passe sa vie à jouer des farces à Renart...

❶ Après une dispute, Tibert et Renart se sont réconciliés. Près d'un champ, ils trouvent une belle andouille oubliée par les hommes. Renart s'en saisit le premier.
– J'en veux aussi ma part, crie aussitôt Tibert.
– Bien sûr, mon cher ami, répond Renart. Mais cherchons d'abord un coin tranquille pour la déguster !
Et il emporte l'andouille dans sa gueule, en la mordant par le milieu.

❷ Tibert suit Renart en réfléchissant. Comment s'emparer de cette andouille ? Soudain, il a une idée et s'écrie :
– Renart, mon cher ami. Tu portes mal l'andouille, ses côtés traînent par terre ! Prête-la-moi, je la porterai sur mon dos.
– Mmmm... Bon, d'accord, dit Renart.
Et il lui donne l'andouille, en pensant que lorsque Tibert sera fatigué... il sera facile de la reprendre !

❸ Dès qu'il a l'andouille sur le dos, Tibert accélère. Il a décidé de monter au sommet de la colline, où se trouve une croix. Il grimpe, grimpe toujours plus vite. Derrière lui, Renart a du mal à le suivre. En arrivant au sommet, Tibert saute d'un bond sur la croix, et dit à Renart :
– Mon cher ami, viens donc me rejoindre !

❹ Renart, bien sûr, ne peut pas grimper sur la croix.
– Ça suffit, dit-il. Descends de là, mon cher ami ! Ou sinon jette-moi ma part d'andouille. Dieu est témoin que tu dois partager !
– Pauvre Renart, répond Tibert, tu n'es pas un bon chrétien. L'andouille est un aliment sacré, il faut donc la manger sur une croix.
Et aussitôt, il commence à la dévorer.

❺ En voyant le chat mordre dans l'andouille juteuse, Renart en a les larmes aux yeux.
– Tu n'es qu'un traître ! J'attendrai que tu descendes, pendant des semaines s'il le faut !
Mais à ce moment, on entend hurler une meute de chiens. Une chasse à courre arrive, et Renart est obligé de s'enfuir. En jurant de se venger bientôt de ce maudit Tibert...

Le Chat botté

Dans ce conte de Charles Perrault (1628-1703), le chat court très vite. Mais il est surtout audacieux et rusé. Et c'est le roi du mensonge !

❶ Un meunier avait trois fils. Le premier hérita de son moulin. Le second reçut son âne. Le cadet se désolait : il ne lui restait plus que le chat.
– Donne-moi des bottes, lui dit le chat, et je courrai te chercher la fortune !

❷ Devenu le Chat botté, il traversa le pays jusqu'au château du roi. Dans la forêt, il se mit à chasser des lièvres et des faisans. Il les apportait au roi, en lui disant :
– C'est de la part de mon maître, le marquis de Carabas.
– Je ne connais point ce marquis, répondait le roi, mais tu le remercieras !

❸ Un jour, le Chat botté apprit que le roi partait en voyage avec sa fille. Il courut devant le carrosse, et menaça les paysans de ses griffes :
– Si le roi vous demande qui est votre maître, répondez-lui : le marquis de Carabas !
Les paysans obéirent. Et le roi, toujours plus étonné, se disait que ce marquis était vraiment un homme très riche et puissant...

❹ Le Chat botté courut alors chez le fils du meunier.
– Quitte tes pauvres habits, lui dit-il, et plonge tout nu dans la rivière !
Quand le roi arriva près de la rivière, le chat arrêta le carrosse en criant :
– Au voleur ! On a volé les habits de mon maître, le marquis de Carabas, pendant qu'il se baignait !
Le roi lui fit porter ses beaux habits de rechange.
Et dès qu'il apparut, la fille du roi tomba amoureuse du marquis de Carabas...

❺ Le Chat botté courut alors au château de l'Ogre.
Celui-ci se vantait de pouvoir se changer en n'importe quel animal.
– Je ne te crois pas, lui dit le Chat. Ou alors change-toi en souris !
Aussitôt, l'Ogre se changea en souris. Et le Chat la dévora toute crue.

❻ Le Chat botté réunit alors tous les gens du château :
– Au travail ! Il faut préparer une grande fête pour accueillir votre nouveau maître, le marquis de Carabas.
Et le soir même, dans la plus grande salle, on célébra le mariage de la fille du roi avec le fils du meunier.

Le Roi des chats

C'est une vieille légende bien connue en Angleterre et en Écosse. Et aussi en Bretagne, pays de forêts mystérieuses...

❶ Un voyageur s'en allait souper chez un ami. Il fallait traverser une forêt profonde. Surpris par la nuit, le voyageur s'égara dans la forêt. Il était seul et perdu, quand il aperçut vers minuit une lueur dans la nuit...

❷ La lumière provenait d'un endroit étrange. Une sorte de théâtre en ruine, qui ne figurait sur aucune carte. En s'approchant, le voyageur entendit des cris, des miaulements. Puis il aperçut des centaines, des milliers de chats qui envahissaient les gradins du théâtre. Vite, il se cacha derrière un arbre.

❸ Soudain, une trompette retentit.
À la lueur des torches, arriva un cortège de quatre chats blancs et quatre chats noirs, marchant debout comme des hommes. Sur leurs épaules, ils portaient un petit cercueil couvert d'une couronne d'or. Terrorisé, le voyageur décida de s'enfuir.
– Si je ressors vivant de cette aventure, pensait-il, nul ne voudra me croire !

❹ À l'aube, le voyageur arriva enfin à la maison de son ami. Celui-ci le réchauffa, le fit manger et boire. Il rajouta quelques bûches dans la cheminée, devant laquelle ronronnait un chat.
Le voyageur ne disait pas un mot. Puis, comme son ami s'inquiétait, il se décida brusquement. Tant pis, il lui fallait raconter son histoire !

❺ Alors, le voyageur raconta ce qu'il avait vu dans la forêt. Son ami écoutait en fumant la pipe. Devant l'âtre, le chat semblait dormir. Il raconta le théâtre en ruine, les chats portant des torches, l'étrange cérémonie... Il décrivit le petit cercueil et la couronne d'or... À ces mots, le chat se dressa, se hérissa et s'écria d'une voix humaine :
– Mais alors, je suis le roi des chats !
Et il sauta par la fenêtre.

La Chatte blanche

Voici encore une très ancienne légende. Son histoire est plutôt cruelle.

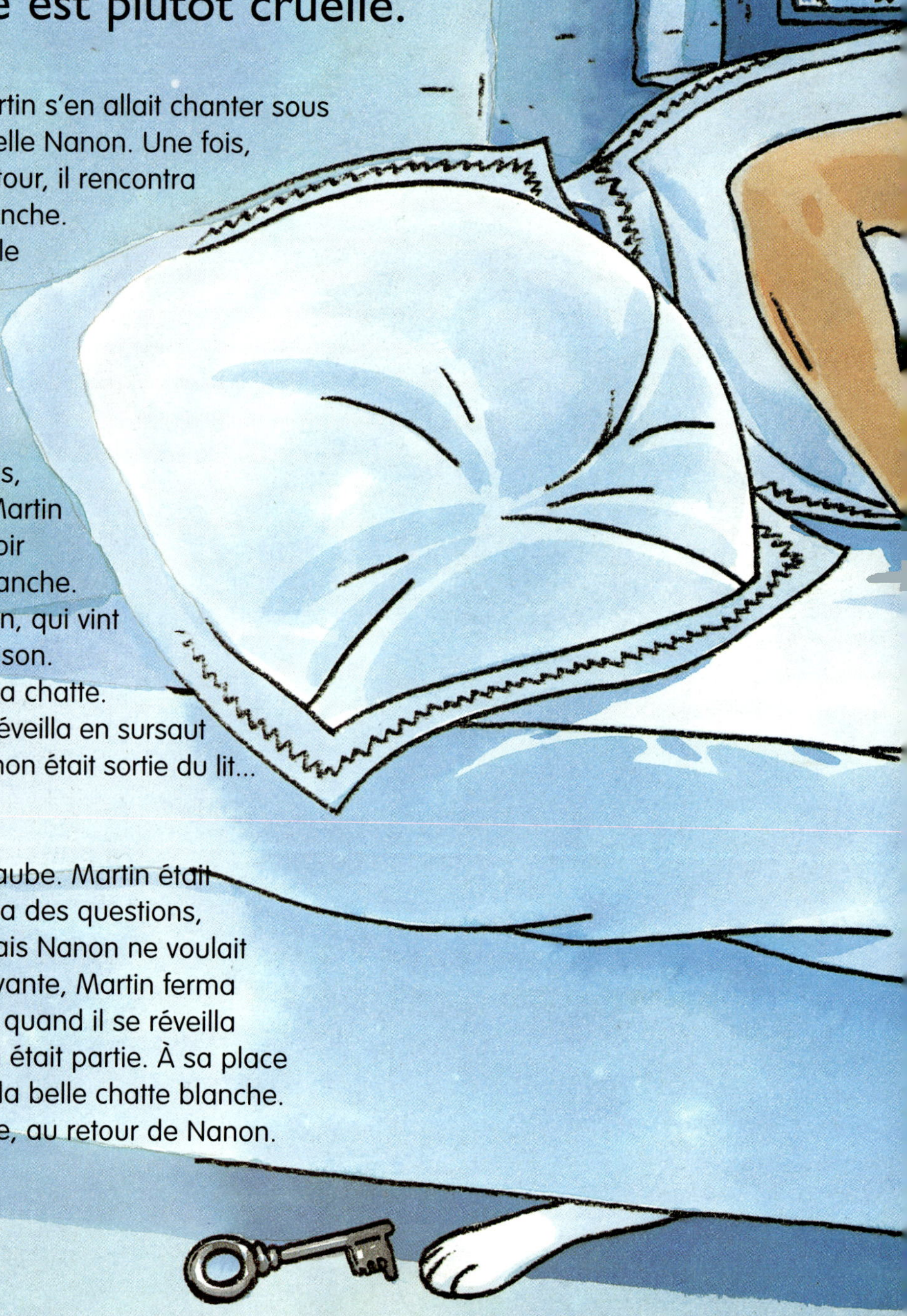

❶ Chaque soir, Martin s'en allait chanter sous les fenêtres de la belle Nanon. Une fois, sur le chemin du retour, il rencontra une belle chatte blanche. En voyant Martin, elle miaula tendrement et se frotta contre ses jambes.

❷ Pendant des mois, au même endroit, Martin rencontra chaque soir cette belle chatte blanche. Puis il épousa Nanon, qui vint habiter dans sa maison. Martin oublia alors la chatte. Mais une nuit, il se réveilla en sursaut et s'aperçut que Nanon était sortie du lit...

❸ Nanon revint à l'aube. Martin était très en colère. Il posa des questions, poussa des cris ! Mais Nanon ne voulait rien dire. La nuit suivante, Martin ferma la porte à clef. Mais quand il se réveilla avant l'aube, Nanon était partie. À sa place sur le lit, ronronnait la belle chatte blanche. Elle s'en alla à l'aube, au retour de Nanon.

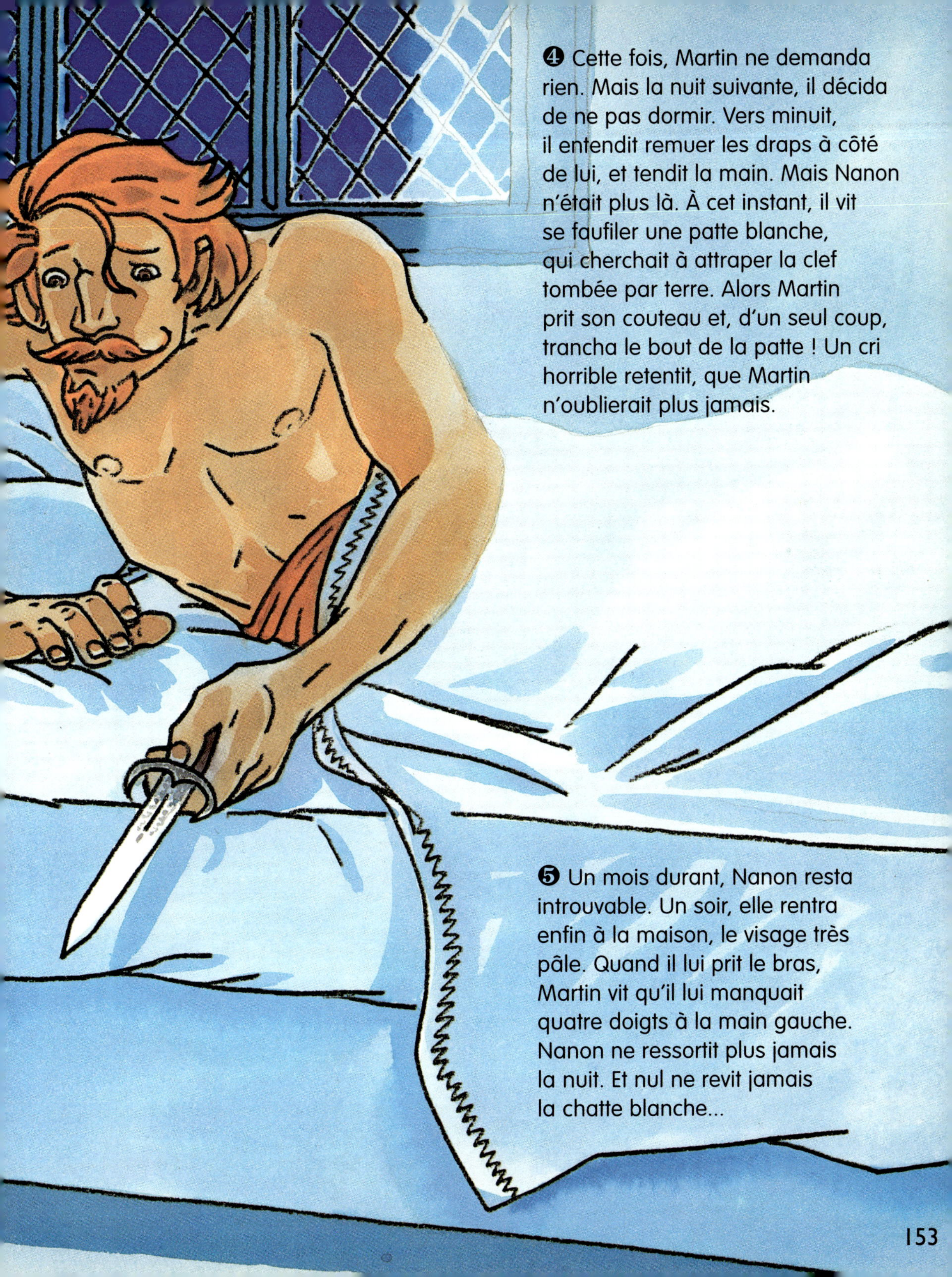

4 Cette fois, Martin ne demanda rien. Mais la nuit suivante, il décida de ne pas dormir. Vers minuit, il entendit remuer les draps à côté de lui, et tendit la main. Mais Nanon n'était plus là. À cet instant, il vit se faufiler une patte blanche, qui cherchait à attraper la clef tombée par terre. Alors Martin prit son couteau et, d'un seul coup, trancha le bout de la patte ! Un cri horrible retentit, que Martin n'oublierait plus jamais.

5 Un mois durant, Nanon resta introuvable. Un soir, elle rentra enfin à la maison, le visage très pâle. Quand il lui prit le bras, Martin vit qu'il lui manquait quatre doigts à la main gauche. Nanon ne ressortit plus jamais la nuit. Et nul ne revit jamais la chatte blanche...

La Nuit dans un sac

Dans ce conte, originaire d'Auvergne, il y a un peu de magie. Mais il y a surtout la grande malice d'une jeune fille !

❶ Suzon était une pauvre orpheline. Mais elle était joyeuse et avait bon cœur. Un jour, elle secourut une vieille femme, qui lui offrit un chat blanc. Suzon et le chat devinrent inséparables. Pour elle, il chassait des oiseaux et pêchait des poissons.

❷ Suzon avait pourtant le cœur chagrin. Elle aimait Pierre, un jeune garçon du village. Mais la famille de Pierre était riche, et ses parents refusaient le mariage.
– Amène-moi d'abord cent écus ! se moquait la mère.
Mais Suzon ne possédait rien, sinon son beau chat blanc.

❸ Au printemps, le seigneur maria sa fille. Il y eut une grande fête, avec des musiciens, des danseuses, et même un magicien qui prétendait pouvoir faire sortir la nuit d'un sac. Mais le tour échoua, et Suzon, qui se promenait sous les fenêtres du palais, entendit le seigneur crier :
– Cent écus à celui qui m'apportera la nuit dans un sac !

❹ À cet instant, il arriva une chose extraordinaire. Le chat blanc devint noir. Noir comme l'encre. Noir comme le charbon, dont il traînait par terre un vieux sac vide. Suzon eut une idée. Elle mit le chat dans le sac, et alla frapper à la porte du château.
– Moi, s'écria-t-elle, je vous apporte la nuit dans un sac !

❺ Furieux, le seigneur voulut chasser cette pauvresse. Mais Suzon fit signe de se taire, et d'écouter. À l'intérieur, le chat se mit à crier et miauler en imitant tous les bruits de la nuit... Puis Suzon ouvrit le sac, et on vit jaillir son pelage noir, avec ses yeux jaunes et brillants comme de petites lunes.
Le seigneur éclata de rire :
– Tu as gagné, dit-il, voici bien la nuit dans un sac ! Je te donne cent écus, et je t'invite au mariage !

❻ Un jeune homme se dressa alors parmi les invités. C'était Pierre, qui vint prendre Suzon par la main.
– Seigneur, dit-il en s'inclinant, accepteriez-vous de nous marier aussi ?
Le seigneur accepta, et la fête dura toute la nuit. Le chat, installé sur un coussin de velours, reçut même une cuisse de chapon rôti !

Le Chat et la Souris

Dans ce conte d'après les frères Grimm, le chat est un menteur sans scrupule. Et la souris est beaucoup trop naïve...

❶ Une souris possédait quelques économies. Flairant cela, un matou se mit en tête de devenir son ami. À force de flatteries, la souris l'invita à passer l'hiver avec lui.
– Il nous faudrait quelques provisions, suggéra le matou.
Et ils allèrent ensemble acheter un grand pot de bonne graisse.
– Allons le cacher à l'église, dit la souris, je ne connais pas d'endroit plus sûr.

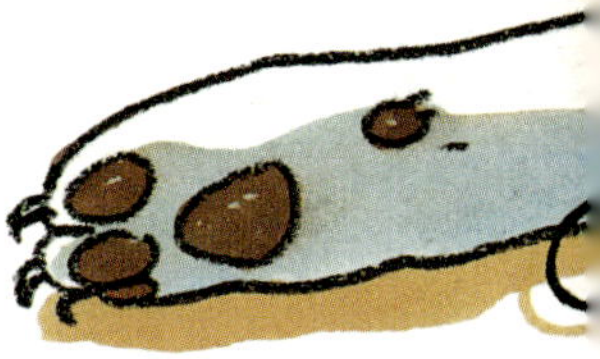

❷ Un matin, le matou annonça à la souris qu'il se rendait à l'église pour le baptême d'un cousin. Mais en réalité, il alla droit au pot de graisse, et lécha tout le dessus.
Dès son retour au logis, la souris lui demanda le nom du bébé.
– Il s'appelle Dessus-Parti, répondit gaiement le matou.

❸ Quelques jours plus tard, le matou retourna à l'église, soi-disant pour un autre baptême. Et quand il revint de son expédition, il déclara en souriant :
– Le bébé s'appelle Mi-Vide !

❹ Le dimanche suivant, ce fut encore le même manège. En guise de baptême, le chat dévora le restant de la graisse, en laissant le bocal tout net. En rentrant, il se moqua de la souris :
– Le bébé s'appelle Tout-Net !
– Les chats ont vraiment de curieux noms, dit-elle.
Puis, comme elle avait un peu froid, elle proposa au chat d'aller à l'église chercher un peu de graisse.

❺ En arrivant à l'église, la souris découvrit le pot vide.
– Je comprends tout ! cria-t-elle de sa petite voix aiguë. Tu n'es qu'un voleur, un menteur, et en plus tu t'es moqué de moi ! Dessus-Parti, Mi-Vide et enfin...
– Vas-tu te taire ! gronda le chat.
Mais c'était trop tard. La souris avait déjà dit « Tout Net ! », et c'est tout net que le chat la croqua.

Les proverbes du chat

Tout autour du monde, le chat court aussi sur nos lèvres. Souvent, nous nous servons de lui pour dire beaucoup de choses... sur nous ! Voici quelques exemples, venus des quatre coins de l'Europe.

FRANCE

La nuit, tous les chats sont gris.
(Dans certaines circonstances, tout le monde agit pareillement.)

ANGLETERRE

Ne chargez jamais un chaton de surveiller vos poules.
(Ne confiez pas vos affaires à n'importe qui.)

ITALIE

Le chat veut bien manger du poisson, mais pas le pêcher.
(Se dit d'une personne paresseuse, ou profiteuse.)

PORTUGAL

Là où la souris se moque du chat... il y a un trou !
(Quand on est à l'abri, on ose critiquer.)

FRANCE

Chat échaudé craint l'eau froide.
(Après un accident, on devient parfois trop prudent.)

ESPAGNE

Chat qui miaule, chasse d'autant moins.
(Ceux qui parlent trop gaspillent leur temps.)

RUSSIE

Chat qui gratte, gratte pour lui.
(Se dit d'une personne égoïste.)

FRANCE

Le chat gourmand rend la servante attentive.
(Quand on connaît les défauts de quelqu'un, on s'en méfie.)

BELGIQUE

Le chat est dans l'horloge.
(Se dit quand rien ne va plus dans un ménage.)

index de tout ce que tu peux trouver dans ce livre

crédit photo

Agence COGIS

- **Bernie** : page 53 (bas).
- **Beroule** : page 51 (bas).
- **Damman** : page 34.
- **DR** : page 18.
- **Dufresne** : pages 39, 46 (haut), 58.
- **Excalibur** : pages 55 (haut g.), 80 (haut), 104 (haut), 107, 108 (haut).
- **Français** : pages 70 (bas), 79, 80 (bas), 81 (haut), 82, 91 (haut), 91 (bas), 99, 105, 110 (haut).
- **Gauzargue** : pages 28 (droite), 90.
- **Gissey** : pages 42, 55 (haut d.), 55 (bas g.), 56 (milieu), 135 (haut g.), 135 (bas g).
- **Hermeline** : pages 10 (bas), 14, 21 (bas), 41, 47, 53 (haut), 72 (gauche), 73 (bas), 75 (haut), 76 (gauche), 76 (droite), 77 (gauche), 77 (droite), 83, 84, 85, 89, 94, 95, 97, 136, 138, 143 (droite), 135 (bas d.).
- **Heuze** : page 55 (bas d.).
- **Lanceau** : pages 16, 21 (haut), 28 (gauche), 36, 56 (bas), 65, 68, 69, 71 (bas d.), 74 (milieu), 74 (bas g.), 75 (bas), 81 (bas), 86, 87, 88, 92, 93, 96, 98, 100, 101, 103, 106 (milieu), 108 (bas), 109, 111, 126, 134, 135 (haut d.), 135 (milieu d.), 137.
- **Labat** : pages 12 (bas), 17, 20 (haut), 38, 46 (bas), 59, 70 (milieu), 72 (droite), 78 (haut), 78 (bas), 102 (gauche), 102 (droite), 130, 135 (milieu g.).
- **Labat/Lanceau** : pages 10-11 (milieu), 70 (haut), 73 (haut).
- **Lepage** : page 45 (bas).
- **Lili** : pages 20 (milieu), 51 (haut).
- **Nicais** : page 104 (bas).
- **Rémy** : page 44.
- **Varin** : page 45 (milieu).
- **Verdié** : pages 12-13 (milieu), 74 (bas d.).
- **Vidal** : pages 15, 43, 143 (gauche).
- **Zizola** : pages 106 (bas), 110 (bas).

illustrateurs

- **Benoît Charles** : pages 20, 29, 61 (bas), 69, 79, 114 (bas), 115 à 123.
- **François Daniel** : pages 8-9, 14, 15, 16, 17, 22-23, 24-25, 26-27, 30-31, 32-33, 34, 35, 36, 37, 38, 40, 48-49, 52 (bas), 56, 58, 60, 62-63, 64, 69, 112-113, 124-125, 127, 128, 129, 130, 131, 133, 138-139, 140-141, 142, 143, 144-145.
- **Bernard Delanghe** : page 114 (haut).
- **Frédéric Pillot** : pages 19, 42, 43, 45, 47, 50, 52 (haut), 54, 57, 59, 61 (haut), 63 (droite), 65, 66-67, 132, 137.
- **Bruno Pilorget** : pages 146 à 159.

infographies

- **Frédéric Pillot** : page 65 (homme).